강사를 말하다

강사를 말하다

초 판 1쇄 2023년 08월 16일

지은이 강진희, 권미숙, 김경우, 박심연, 유미인, 이서윤, 정순옥, 정종관, 정창교, 조은연
펴낸이 류종렬

펴낸곳 미다스북스
본부장 임종익
편집장 이다경
책임진행 김가영, 신은서, 박유진, 윤가희, 정보미

등록 2001년 3월 21일 제2001-000040호
주소 서울시 마포구 양화로 133 서교타워 711호
전화 02) 322-7802~3
팩스 02) 6007-1845
블로그 http://blog.naver.com/midasbooks
전자주소 midasbooks@hanmail.net
페이스북 https://www.facebook.com/midasbooks425
인스타그램 https://www.instagram/midasbooks

ISBN 979-11-6910-302-2 03190

값 **17,000원**

🏃 미다스북스는 다음세대에게 필요한 지혜와 교양을 생각합니다.

변화를 만드는 10인의 강사이야기

강사를 말하다

강진희 권미숙 김경우 박심연 유미인
이서윤 정순옥 정종관 정창교 조은연

미다스북스

들어가는 글

변화를 꿈꾸다

"다른 사람이 가져오는 변화나 더 좋은 시기를 기다리기만 한다면 결국 변화는 오지 않을 것이다. 우리 자신이 바로 우리가 기다리던 사람이다. 우리 자신이 바로 우리가 찾는 변화다." 미국의 제44대 대통령인 버락 오바마의 명언이다. 과감한 도전을 하지 않으면 성공도 없다는 의미일 것이다. 변화의 주인공은 바로 '나'이며 나 자신을 찾아가는 길이 바로 변화의 첫걸음일 것이다.

공저 2기 10명은 강사에서 작가로 변신하기 위해서 구불구불한 고갯길에 도전했다. 그리고 넘었다. 작가가 된다고 해서 갑자기 유명해지지는 않겠지만 이 기회에 작가가 되지 못하면 영영 작가가 되지 못할 수도 있기 때문이었다.

공저 1기의 성공적인 작가 등단의 모습을 보면서도 공저 2기를 모집하기까지는 꽤 긴 시간이 필요했다. 한 번도 가보지 않았던 길이기에 두려움이 앞섰기 때문이다. 아니 용기를 내지 못했기 때문이다. 강사들이기에 매년 버킷리스트를 작성할 때 책 쓰기는 단골 메뉴였다. 계획은 거창하게 세웠지만, 실천은 늘 뒷전이었다. 바쁘다는 핑계를 대기에는 너무 민망하지만 그래도 늘 자신을 합리화시킬 수 있는 이유는 있었다.

그래도 작가라는 이력을 강사 소개란에 포함하려면 책 한 권쯤은 필요했다. 선배 강사들은 작가가 되어야만 소위 '뜨는 강사'가 될 수 있다고 늘 이야기한다. 그러나 '어떻게'에 대해서는 답을 주지 않는다. 하루에 두 쪽만 쓰면 된다느니, 자기의 일상을 일기 쓰듯 기록하라느니, 일단 시작부터 하라는 둥 온갖 비법을 말해주지만, 정답은 없다. 말과 생각으로는 작가가 되겠다고 다짐하지만 언제나 작심삼일인 내가 한심하기만 했다.

〈국민강사교육협회〉에서 진행하는 '모블모', 즉 모닝 블로그 모임과 '모독모', 즉 모닝 독서 모임은 책 쓰기 프로젝트에 참여해야 하겠다는 강한 동기를 주었다.

어쩌면 그렇게 블로그들을 잘 쓰는지 부럽기까지 했다. 블로그 한 편을 포스팅하려면 최소 2시간은 필요로 했다. 블로그 고수들 이야기로는 짧게는 30분, 길게 보더라도 1시간 이내라고 하는데 너무 많은 시간이 소요되었다. 그 이유를 독서 모임을 통해서 자연스럽게 알게 되었다. 독서 모임에 참여하려면 좋든 싫든 책을 읽고 참여해야 했다. 어떻게 하면 같은 내용이라도 참여자들과 다르게 표현할까를 생각하게 되었다. 상상의 날개를 펴기 위한 노력을 하는 과정에서 생각하는 근육이 단단해짐을 느졌다. 시간이 흐르면서 블로그 포스팅 시간도 1시간 이내로 짧아졌고 독서 모임에서도 다소 엉뚱한 의견을 제시할 수 있는 정도가 되었다. 독서라는 인생의 새로운 멘토를 만난 기분이었다.

그 멘토는 나에게 책 쓰기에 도전해보라는 명령을 내렸다.

〈국민강사교육협회〉에서 송주하 작가를 초대해서 책 쓰기 특강을 진행했다. 김규인 회장이 오래전부터 준비한 프로젝트 보따리를 드디어 풀어 놓았다. 책 쓰기를 버킷리스트로만 가지고 있던 나와 공저 2기 동기생들은 그 운때가 잘 맞은 것이다. 잘 아는 동료 강사가 진행하는 책 쓰기는 우선 친근감이 들어서 마음이 편해졌다. 강사의 언어로 강사들에게 풀어 놓은 책 쓰기 비법은 쉽게 내 마음을 열어 주었다. 삶을 되돌아보는 과정을 이야기할 때는 눈물이 왈칵 쏟아질 것만 같았다. '저런 경험과 시련을 감동이라는 그릇에 담아서 써 내려가면 되는 건가?'라는 생각을 하게 되었다. 책을 쓰기 위해서 우선 독서를 많이 했고 일상에 스토리텔링 방법을 적용해서 적어 내려가니 책이 출간되고 작가가 되었단다.

공저 2기 모집에 10명의 강사가 지원했다. 물론, 이미 몇 권의 전자책과 종이책을 단독 또는 공저로 출간한 경험을 가진 사람도 있었다.

『작가는 처음이라』라는 책을 펴낸 김태윤 작가는 '평범한 내 이야기도 팔리는 글이 된다'며 초단기 책 쓰기 비법을 제시했다. 책 쓰는 법에 대해 하나도 몰랐던 마흔의 직장인이 어떻게 2년 만에 6권의 책을 계약하고 작가가 되었는지에 대한 경험담을 스토리텔링 형식으로 출간했다. '책 쓰기야말로 나를 사랑하는 최고의 시간이다.'라며 책 쓰기에 대한 예찬론도 전해주었다.

내가 어쩌다 접하는 책은 대부분 자기계발서와 에세이가 대부분이다. 내용을 살펴보면 자신이나 가족, 이웃 이야기가 주류를 이루고 있다. 자신과 주변에서 일어나는 삶의 경험과 목격담을 스토리텔링으로 풀어내는 것이 전부다. 요령과 기술을 모를 뿐이지 책 쓰기 소재는 늘 내 주변에서 맴돌고 있다. 공저 2기 동기들은 책 쓰기 요령과 기술을 송주하 작가의 부드러우면서도 카리스마가 있는 채찍을 맞아가며 반 스파르타식 강훈을 견뎌냈다.

10명의 명강사가 작가로서 새로운 출발을 하게 되었다. 강사가 되기까지의 고뇌와 결단, 그리고 강사의 길을 걸어오면서 경험하고 목격했던 녹록지 않은 삶의 보따리를 풀어서 진정성이라는 그릇에 담았다. 그 그릇에는 외로움과 어려움도 즐거움과 행복으로 승화시켜 피와 땀과 눈물에 녹여내어 담았다. 이 책을 펴내면서 우리는 한 뼘 성장했고 새로운 성장을 다짐하는 출발선에 서기로 했다. 이 책을 읽는 독자들에도 과감한 상상력과 선한 영향력을 펼칠 수 있는 시금석이 되기를 기대해본다.

공저 2기 책 쓰기 프로젝트를 기획하신 〈국민강사교육협회〉 김규인 회장과 '인내는 쓰지만, 그 열매는 달다'는 사실을 몸으로 체험하고 견뎌내서 훌륭한 작가로 다시 태어나신 〈송주하글쓰기아카데미〉 송주하 대표께 감사드린다. 그리고 댓글을 통해서 마음과 마음을 잇도록 아낌없는 응원과 지지를 보내준 공저 1기 선배 작가들께도 감사드린다. 그리고 짧은 시간 치열한 책 쓰기 과정에 아름다운 동행을 해준 10명의 작가에게 마음에서 우러나는 가슴 따뜻한 찬사를 보낸다.

　변화가 필요할 때는 반드시 실천해야 하며, 그것만이 유일한 변화의 방법이다. 작가가 되기 위해서는 반드시 책을 써야 하며, 그것만이 유일하게 작가가 되는 방법이다. 나는, 그리고 우리는 책을 펴냈다. 마침내 작가가 되었다.

목차

2부 힘들 때마다 다시 일어선다

3부 잊지 못할 순간들

4부 지금은 강사 시대

강진희　　권미숙　　김경우　　박심연　　유미인

나는 강사가 되기로 했다

이서윤   정순옥   정종관   정창교   조은연

강사로 스며들다

강진희

경남의 작은 도시 통영에서 태어난 나는, 어릴 적부터 선생님이 되고 싶었다. 학교 다닐 때 나중에 어른이 되면 하고 싶은 일이 무엇이냐는 질문에 조금도 망설임 없이 '선생님'이라고 대답했다. 선생님에 대한 동경은 아마 초등학교 2학년 때부터 가졌던 것 같다. 내 인생의 롤모델을 처음 만났다. 바로 담임선생님이다. 언제나 아이들과 함께 호흡하며 아이들의 이야기를 경청해주셨던 담임선생님이었다. 함께 한 1년의 세월이 지금도 꿈처럼 느껴진다.

담임선생님은 첫 발령 받아 우리 학교에 오셨고, 우리가 첫 제자였다. 아이들을 마주하며 온화한 미소로 언제나 반갑게 맞아주셨다. 누구에게나 차별 없이 대했다. 아이들의 눈높이 맞는 말을 하려고 노력했다. 시간이 꽤 흐른 지금도 선생님을 떠올리면 그저 행복해진다. 그때부터였던 거 같다. 내가 선생님을 꿈꾸게 된 일이 말이다.

선생님이 된다고 하면 교대나 사범대학을 꿈꾸지만 나는 특수교육에 관심이 많았다. 학교 다닐 때는 상위권을 놓치지 않고 열심히 준비했지만 대학 입시에는 실패하고 말았다. 모든 것을 포기하고 싶었다.

그때 처음 부모님의 눈물을 보았다. 지금 생각해보면 가장 어리석은 행동이었다. 재수를 해서 내가 원하는 대학에 가고 싶었다. IMF와 연년생인 동생의 학업 문제가 있었다. 내가 하고 싶은 것과 상관없는 과에 진학하게 되었다.

마음에 든 건 아니었지만, 대학 입시 결과에 따라야 했다. 유년 시절 함께 했던 친구들과의 연락을 모두 끊었다. 나만 오롯이 새로운 곳에 떨어진 기분으로 대학 생활을 시작했다. 하지만 이대로 포기할 수는 없었다. 더 많은 세상을 꿈꾸며 새로운 시간을 보내기로 했다. 마음을 달리 먹으니 마음이 설레었다. 우연히 알게 된 동아리 활동으로 어린 친구들에게 수학을 가르치는 경험을 했다. 내 안에 숨 쉬고 있던 선생님이라는 세포들이 하나둘 깨어나기 시작했다. 누구보다 열심히 아이들을 가르치며 돌보았다. 조금씩 결과가 보이기 시작할 때 행복감을 느꼈다.

대학을 졸업하고 전혀 다른 분야에 취업해서 직장생활을 했다. 사실 딱히 원하는 꿈도 없었다. 결혼하면서 경력단절 여성이 되어버렸다. 아이를 낳고 집에서만 지내는 시간이 너무 아까웠다. 아이들을 가르치는 영업직에 도전하기로 했다. 열정이 있었던 덕분에 영업도, 아이들을 가르치는 일도 열심히 했다. 그러나 생각만큼 쉽지 않았다. 시간이 갈수록 자신감이 생기기보다, 영업에 더 많은 할애를 하는 것 같았다. 흘러가는 시간이 너무 아쉽기만 했다. 그러던 중 우연히 보험설계사 하시는 분을 만나 입사설명회에 참석하게 되었다. '보험'이라고 하면 선입견을 품고 바라보는 시선들이 많아서 선택하기가 쉽지 않았다. 주저하던 나를 이끄는 한 가지가 있었다. 보험설계사를 양성하는 교육 매니저가 있다는 거였다. 목표를 교육 매니저로 잡았다. 과감하게 도전해보기로 했다.

아들이 다섯 살이 되던 3월, 보험설계사로 입사했다. 그때 나이는 30대 초반이었다. 보험이라는 상품을 판매하는 일이 꼭 나쁜 일만은 아니었다. 보험에 대해 전혀 모르는 사람들에게 설명하고 지식을 나누어주는 일이라고 생각하고 열심히 했다. 밤낮으로 새 상품을 공부하고 거울 앞에서 연습하고 또 연습했다. 그런 시간을 2년 정도 보냈다. 하지만 교육 매니저라는 자리는 쉽게 오지 않았다. 기회는 준비된 사람만 가질 수 있다는 생각에 꾸준히 연습하면서 기회를 기다렸다. 하지만 매니저 자리의 순번은 좀처럼 오지 않았다. 나도 모르게 조금씩 지쳐 가고 있었다.

그럴 즈음에 대학에서 전공한 '영양사'로 일할 기회가 왔다. 요양병원에 있는 어르신들의 영양을 책임지는 일이었다. 첫 출근을 해서 흰색 가운을 입고 어르신들에게 인사를 갔던 그날의 기억이 아직도 선명하다. 식사는 어땠는지 간은 잘 맞았는지가 궁금했다. 어르신들과 눈으로 인사를 했다. 방마다 다니면서 인사하고 있는데, 갑자기 어르신 한 분이 내

머리채를 잡는 게 아닌가? 너무 당황스러웠다. 정신이 혼미해졌다. 알고 보니 할머니의 예전 직업이 간호사였단다. 내가 입은 가운이 의사 가운인 줄 착각하신 거였다. 옛날 서러웠던 기억이 떠올라 내 머리채를 잡은 것이었다.

그렇게 첫 출근 날 혹독한 신고식을 마쳤다. 영양사로 일을 하던 중, 요양원에서 식중독에 관한 강의를 하게 되었다. 대학 시절에 하던 발표와는 사뭇 달랐다. 강의한다는 부담감에 며칠 동안 자료를 준비하고 연습하면서 가슴 뛰었다. 아주 오랜만에 설레었다. 작은 무대였지만 뿌듯했다. 강사란 이런 의미를 주는 거였다는 것을 알게 되었다. 영양사로 근무하던 8년 동안 직원들과 어르신들과 함께 분기별로 했던 강의가 강사로서 첫 시작이었다.

2018년 아들이 다니는 학교의 학부모회장을 맡게 되었다. 700여 명이 넘는 사람들 앞에서 행사 사회를 보게 되었다. 나도 언젠가는 사회자가 아닌 강연자로 저 무대에 서 보고 싶다고 생각했다. 그래서 무엇을 먼저 해야 할 것인지 고민했는데 그게 바로 공부였다. 그때부터 배울 수 있는 것은 어디든지 찾아다니면서 공부하기 시작했다. 그리고 자격증을 땄다. 시간이 나는 대로 내가 할 수 있는 방법을 총동원했다. 이루고자 하는 꿈을 이루기 위해 움직이기 시작했다. 그랬더니 보이지 않던 것들이 하나둘 보였다. 컴퓨터활용능력을 시작으로 민간자격증을 하나씩 늘려갔다.

공부에 조금씩 탄력이 붙기 시작했다. 그러던 중 2020년 전 세계를 강타했던 코로나19로 인해 강사 생활에 또 다른 변화를 주게 되었다. 그동안 바쁘다는 핑계로 하지 못했던 사회복지사 공부를 마무리했다. 그리고 너무 소중한 인연을 만났다. 〈국민강사교육협회〉라는 새로운 공동체를 만났다. 나에게도 조금씩의 변화가 생겼다. 강사란 배우면서 성장해야 한다는 신념과 일치하는 협회였다. 지금도 내 꿈을 위한 공부를 계속하고 있다. 강사라는 직업은 서로를 경쟁자로 여길 수 있다. 〈국민강사교육협회〉는 서로 경쟁자가 아닌 동반자로서 서로를 응원하고 격려하며 한곳을 향해 나아가고 있다. 우리는 함께이기에 강사로서 외롭지 않은 길을 가고 있다. 혼자 가면 빨리 가지만, 함께 가면 멀리 갈 수 있다고 했다. 항상 옆에서 가족처럼 열심히 응원해주는 동료 강사들 덕분에 오늘도 힘을 낸다.

내 이야기는 지금부터

권미숙

보이지 않는 어떤 힘이 나를 이끌어준다고 느껴본 적이 있는가? 마치 긴 항해 중인 돛단배가 방향을 잃지 않도록 이끌어주는 등대처럼 말이다. 돌이켜봤을 때, 그때는 그랬다. 지금 강사라는 직업이 그렇다.

2002년 6월 3일은 월드컵의 열기로 모든 국민이 뜨거웠다. 기억하는가? 대한민국 대표팀이 2002년 한일 월드컵 D조 마지막 3차전 포르투갈 전에서 1-0으로 승리로 이끌었다. 또한, 우리나라가 16강에 올랐다. 모든 국민은 열광했다. 우리 가족도 예외가 아니었다. 그날 아이들과 함께 서대전공원에서 목이 터져라 대한민국을 응원했다. 서대전공원을 잔뜩 메운 무리들 틈에서 우리가 살아가는 동안 이렇게 응원할 일이 얼마나 있겠느냐며 고래고래 소리를 질렀다.

그 해는 의미 있는 일들이 많았다. 남편은 새로운 직장에서 본 미래를 이야기했다. 언제나 자신이 하고자 하는 일에 대한 확신으로 가득 찬 사람이었다. 스타렉스 자동차를 구입하고 아이처럼 좋아했다. 마지막 차라는 의미심장한 말을 아무렇지도 않게 들으면서도 마냥 즐겁기만 했다.

 우리는 결혼한 지 10년이란 세월이 흐른 후 처음으로 오롯이 남편과 두 아이 이렇게 4명이 여름휴가를 함께 하였다. 우리에게는 시댁과 친정이 항상 먼저였기 때문이었다. 작은 바닷가 모퉁이에 텐트를 설치하고 텐트 안으로 비집고 들어오는 모래를 무던히도 털어냈다. 모래 범벅이 된 아이들이 뒹구는 모습은 풍경과 어우러져 캔버스에 담긴 수채화 그 자체였다. 낮에는 주저앉아 호미로 여기저기 찍어내며 바지락을 주웠다. 밤에는 빛깔 고운 폭죽을 터트리고 하늘 높이 치솟는 폭죽과 함께한 여름을 보낼 수 있었다.

 따릉 따릉 따르르릉.
 집안일을 마치려는 순간에 전화벨이 울렸다. 한가로움이 뚝뚝 떨어지는 토요일 오전이었다.
 "○○○댁이시죠? 여기는 연천에 있는 백병원입니다. 오늘 10시경에 ○○○님이 사망했습니다." 나는 무미건조하게 대답했다. 그리고 고인이 되었지만 당시 익산에서 살고 있던 시누이에게 전화를 했다. "고모, 병원에서 전화가 왔는데 오빠가 죽었대." 어떤 상황인지, 어떤 일이 벌어졌는지 인정하지 않은 상태로 담담하게 아이들을 챙기고 시누이와 함께 연천 백병원으로 향했다. 아무것도 생각할 수 없었다. 병원으로부터 전화를 받은 순간 시간이 멈춰버린 것이다.

병원에 도착했다. 시누이는 나를 장례식장으로 데려가려 했다. 그 순간 한 발짝도 뗄 수가 없었다. 내가 발을 떼서 장례식장으로 들어가는 순간 현실이 되고 죽음을 인정해야 하는 상황이 너무 무섭고 두려웠다. 장례식장 입구에서 들어가기를 거부하고 한참을 버티다가 결국에는 들어가게 되었다. 울다가 까무러치기를 몇 번이고 반복하였다. 그때 나는 37살이었다. 그리고 극심한 스트레스로 3일 동안 몸무게가 8kg 이상 빠졌고 입고 갔던 바지가 흘러내렸다. 그리고 이렇게 생각했다. '나는 지금부터 죽었다.'

20여 년이 지난 지금 이 순간도 이토록 그 당시 상황이 생생하게 떠오르니 기억이란 놈은 참으로 얄밉다. 아이들은 성장 후에 엄마가 울다가 죽는 줄 알았다며 그날을 이야기했다.

그 이후로 나는 울어본 적이 없다. 눈물은 나로부터 도망을 간 듯하다. 눈물뿐만이 아니라 감정도 가끔은 표현하기가 어려웠다. 그리고 세월은 나를 잊어버린 채 바쁘게 흘러갔다. 서두에 보이지 않는 어떤 힘이 나를 이끌어 준다고 느껴본 적이 있는가?'라고 질문하였다. 지금까지 이야기한 내용은 질문에 대한 답이 아니다. 내 이야기는 지금부터다.

언제부턴가 항상 연말이 되면 고민이란 놈이 찾아왔다. 어떻게 살아야 하나? 인생에서 무엇이 중요한 것인가? 내가 하고 싶은 것은 무엇인가? 오늘 생을 마감한다면 가장 후회스러운 것은 무엇인가? 그럼 나는 그것을 해야 하지 않나? 해결할 수 없는 고민으로 12월부터 이듬해인 1월까지 몸살을 앓았다. '나는 지금부터 죽었다'고 생각한 순간부터 깊은 곳에서는 어떻게 살아야 하지로 질문하고 있었다.

핸드폰 반제품 제조업체에서 근무 중이었던 어느 날이었다. 이력서를 제출해야 했다. 기본적인 이력만을 작성하고 텅 빈 여백으로 제출해야 하는 상황에 머리를 한 대 얻어맞은 기분이었다. 지금까지 나는 무엇을 하고 있었지? 그리고 다짐한다. 이력서를 지금부터 채우자. 그리고 평생교육기관에서 상담 심리 강좌를 듣게 되었다. 강의장에 도착해서 책상에 앉은 순간을 잊을 수가 없다. 쿵쾅거리는 가슴과 달아오르는 기쁨을 주체할 수 없었다. 지금도 나는 무엇인가 새로운 것을 배우고 접하면 가슴이 뛴다. 살아 있음을 느낀다. 어떤 이는 말한다. 그 나이에 무슨 공부냐? 그런 분께 반문한다. 그러면 이 나이에 무엇을 해야 하나요? 차츰 이력서를 채울 수 있는 자격증들이 쌓여갔다. 위기가 올 때마다 지금 하고 싶은 일이 무엇인가에 대한 답은 학교에 가는 것이었다. 상담 공부 중에 만났던 동료는 진로 문제로 고민하고 실행에 옮기지 못하는 나에게 말했다. "그러다 죽겠구먼!" 이 말은 나에게 불쏘시개가 되었다. 그리고 불가능하게 여겨졌던 상황에 도전할 수 있는 힘이 되었다. '그래, 그러다 죽겠

구면!'

　낮에는 직장에서 부지런히 움직이고 밤에는 학교에서 사회복지학을 공부할 수 있었다. 신기하게도 학교에 입학하면서 근무여건들이 학교를 갈 수 있는 상황으로 바뀌었다. 직장에서 학교까지의 1시간 거리였지만 졸업할 때까지 지각하는 일 없이 마치 누군가 나를 끌어당기고 있다는 생각이 들었다. 사회복지학을 공부하면서 치료 레크리에이션이라는 과목은 동기부여가 되었다. 첫 수업에서 나를 사로잡았고 처음으로 하고 싶은 것이 생기는 순간이었다. 학기 중에 나는 열성적으로 김진락 교수님이 진행하시는 프로그램에도 참여하였다. 청주 소망원은 중복 장애(시각, 지체장애)를 가진 대상자들이 대부분이었다. 심한 장애로 가족과는 떨어져서 이곳에서 거주하고 있는 장애인을 대상으로 프로그램이 진행되었다. 교수님의 부재중에는 수업을 진행할 수 있는 기회도 주어졌다. 학교에 다니면서 최초로 프로그램을 진행하여 강의료를 받은 학생으로 고인이 되신 김진락 교수님은 나를 자랑스러워하셨다.

　보이지 않는 어떤 힘은 나를 이끌었다. 20여 년간 근무했던 직장이 사회적인 변화에 적응하지 못하고 폐쇄되었다. 이직할 수 있는 기회가 생긴 것이다. 직장동료들은 미래를 걱정하였지만 스스로 직장을 그만두지 못하는 나에게는 너무나도 좋은 기회가 온 것이다. 위기가 기회가 된다는 말이 떠올랐다. 학기 중에 일어난 일인지라 더욱 힘을 내어 치료 레크리에이션 프로그램 운영에 참여할 수 있었다. 그리고 이것은 내가 하고 싶은 일이었다. 내 인생에서 프로그램으로 사람을 만나는 일은 중요한 가치가 되었다. 그들의 눈빛에서 나는 간절함을 본다. 자신들을 채워줄 기대감을 본다. 그리고 소름이 돋는다. 이는 살아 있음에 대한 신호로 가슴을 뛰게 한다. 이렇게 해서 나는 강사가 되었다.

사람은 죽을 때가 되면 3가지를 후회한다고 한다. 첫째는 베풀지 못한 것에 대한 후회, 둘째는 참지 못한 것에 대한 후회, 셋째는 좀 더 행복하게 살지 못한 것에 대한 후회라고 한다. 이 이야기는 베풀어라, 참아라, 좀 더 행복하게 살라고 우리에게 말한다. 혹여 누군가 일상적인 삶에서 등대를 발견하지 못하고 방황하고 있다면 이렇게 제안하고 싶다. 오늘 당신의 생이 마감된다면 가장 후회스러운 것은 무엇인가요? 이 질문에 대한 답을 찾아가고 성취하기를 소망한다.

준비된 사람이 기회를 잡는다

김경우

능력자들이라면 굳이 이 책을 그들에게 권하고 싶지 않다. 그러나 미래를 위해 하고 싶은 것이 많은 사람이라면 적극적으로 추천한다.

나는 많이 배우지 못했다. 갑작스럽게 집안 형편이 기울어져 사정상 어쩔 수 없었다는 탓을 해봤다. 하지만 그 속으로 들어가 보면 절실하지 못했다는 것이 더 크다. 고등학교를 졸업하고 사회에 나와 직장을 다녔다. 그러다 지금의 남편을 만나 아이 셋을 낳았다. 결혼 전에는 10년 넘게 직장생활을 했다. 그때는 몰랐다. 결혼해서 아이 낳고 살다 보면 경력단절이 된다는 것을…. 내가 원하는 직장에 다시 들어가기가 '낙타가 바늘구멍 통과하기'보다 힘들다는 것을, 결혼하고 경력단절이 된 후에야 알았다. 그 어떤 직장에서도 날 불러주지 않았다. 들어갈 곳도 없었다.

어느덧 3명의 아이를 낳아 키우다 보니 10년이란 시간이 훌쩍 지났다. 살림만 했던지라 눈도 멀고 귀도 멀고 입도 막혀 버렸다. 한번은 조카가 모자를 사서 보냈다. 그 모자를 보고 난감했다. 분명 새 모자를 사준 건데 모자챙이 낡고 닳아 해져 있었다. 망설이다 조카에게 전화해서 물었다. "모자 받았는데 챙이 낡고 찢어졌는데 이거 불량 같아." 조카가 하는 말 "이모 그것도 몰라? 그거 빈티지야. 요즘 빈티지가 유행이잖아." 그 말을 들으며 나도 모르게 얼굴이 화끈거렸다. 아이만 키웠지 눈 뜬 장님이었다. 그것만이면 말을 안 한다. 집안일과 남편 내조, 그리고 아이들 뒷바라지에 눈코 뜰 새 없이 바빴다. 그나마 짬이 날 때는 드라마나 컴퓨터를 하며 스트레스를 해소했다. '맞고'라고 컴퓨터 고스톱인데 쏠쏠한 재미가 있다. 이렇게 하루하루 살다 보니 남편과 세상 돌아가는 얘기도 잘 안되면서 점점 대화가 줄어들었다.

그러던 어느 날 일이 터졌다. 컴퓨터가 고장이 났다. 이유인즉슨 고스톱을 하는 중에 남편이 오는 소리가 들려 부리나케 컴퓨터를 껐다. 일껏 괜찮았던 컴퓨터였는데 저녁에 남편이 작업을 하기 위해 컴퓨터를 켰는데 안 켜졌다. 낮에 컴퓨터 뭐 만졌냐고 남편이 내게 물었다. 고스톱밖에 안 하고 그냥 껐다며 난 아무렇지도 않게 멀티탭 콘센트 끄는 동작을 취했다. 그걸 보고는 "컴퓨터를 그렇게 그냥 끄는 사람이 어디 있냐?"라며 냅다 화를 냈다. 밑도 끝도 없이 화부터 내는 남편 때문에 자존심이 상했다. 컴퓨터 끄는 법을 잘 몰라서 멀티탭 콘센트를 꺼버린 것이다. 컴퓨터를 끌 땐 항상 그렇게 껐다. 시간이 없어서 그런 게 아니라 진짜 끄는 법을 몰랐다. 정말 몰라서 그런 건데, 미리 좀 알려줬으면 이런 일 안 생겼을 거 아닌가 하는 생각에 나도 화가 났다. 모르는 사람은 손에 쥐어줘도 모른다고. 알 때까지 잘 알려줘야지. 이 일이 있고 나서 작은 계획이 하나 생겼다.

첫 번째 도전은 컴맹 탈출이었다. 컴퓨터학원에 등록했다. 낮에는 컴퓨터학원에서 지냈다. 저녁에는 부랴부랴 집안일을 끝내고 아이들을 재운 후 컴퓨터 연습에 열중했다. 드디어 컴퓨터 활용 자격증을 따게 되었다. 결혼하고 운전면허증 다음으로 가져보는 자격증이었다. 자격증을 땄다는 기쁨이 채 가시기도 전에 일자리 추천이 들어왔다. 학교 행정실이었다. 그저 좋아할 수만은 없었고 급기야는 두렵기까지 했다. 자격증만 땄지. 컴퓨터 다루는 것은 서툴렀기 때문이다. 일을 시키고 답답해할 직원들을 생각하니 도저히 갈 수가 없었다. 지금 생각해 보면 엄청 좋은 일자리였다. 그러나 나와는 인연이 아니라 생각이 들었다.

두 번째 도전은 정수기 판매회사였다. 자본금 없이 시작할 수 있기도 하고 막말로 망해도 본전이란 생각에서였다. 불도저 같은 성격이어서 우선은 정수기 판매회사에서 교육부터 받았다. 막내가 5살인데 계획은 초등학교 5학년이 되면 일을 시작할 생각이었다. 교육해 주시는 분은 그때가 되면 늦는다, 한 살이라도 젊을 때 해야 한다고 했다. 그 말이 또 맞는 말 같았다. 며칠 후 남편에게 정수기 판매회사에 가겠다고 말을 해야 하는데 도저히 입이 떨어지지 않았다. 고심 끝에 할 말들을 노트에 적었다. 열심히 모의연습도 했다. 저녁밥을 먹고 나란히 소파에 앉았다. 용기를 내서 남편에게 일할 곳이 생겼다며 사업설명회를 해도 되냐고 말했다. 그런데 이야기를 꺼내기도 전에 남편은 영업은 안 된다고 했다. 입도 뻥끗 못 하고 기가 죽었다. 정수기 판매가 영업이었기 때문이다. 난 일하고 싶은 마음이 굴뚝같았다. 단돈 50만 원만 벌어도 일하고 싶었다. 간절함 때문이었는지 입에서는 술술 사업설명회를 내뱉고 있었다. 인생은 다 영업이다. 만약 내가 음식점을 하는데 손님이 들어왔다. 메뉴판을 보면서 별로 먹을 게 없다고 하며 나가려고 한다. 그럼 손님이 나가게 가만히 보고만 있을 것인가? 그냥 가시지 않게 머리를 써야 한다. "손님 ○○ 음식 추천합니다. 오늘 산지에서 싱싱한 재료가 들어왔거든요. 드셔보시면 후회하지 않으실 겁니다." 이 말이 남편 마음에 들었나 보다. 결국 정수기 판매 사업설명회는 대성공이었다. 그렇게 정수기 회사에 출근하게 되었다. 오랜만의 직장생활이라서 그런지 마냥 신나서 어려움도 모르고 다녔다. 정수기 점검하러 가서는 고객들에게 일일이 정수기 필터를 보여드렸다. 필터의 기능이 건강에 많은 도움이 된다며 설명도 열심히 했다. 2년 만에 팀장이 되고, 회사 홍보 책자에 이달의 '세심리빙플래너'로 뽑히며 나름 잘 나갔다. '달도 차면 기운다'고 열심히 하는 만큼 집구석은 엉망이 되어갔다. 결국 남편과 또 충돌이 생겼다. 집에서 나올 때 약속한 것이 하나 더 있었다. 바로 일 안 할 때처럼 아이들도 잘 돌보고, 집도 깔끔하게 해야 한다는 약속이었다. 마음과 다르게 쉽지 않았다. 결국 3년을 다니고 회사를 그만둬야 했다.

세 번째 도전이 바로 강사 활동이다. 회사에 다니면서 시간을 내서 무언가를 배우고 싶었다. 기타 좀 배워야지 하면서 문화센터에 방문했다. 기타 신청 인원이 다 차서 안 된다고 했다. 뭘 배울까 훑어보다가 눈에 들어오는 교육이 있었다. 바로 경제교육이었다. 경제관념이 없으니 경제관념 좀 키워봐야지 하는 가벼운 마음에서 신청했다. 자격증을 취득하고 경제동아리 공부를 2년쯤 하고 있을 때였다. 어느 날 기획재정부 산하기관인 충남경제교육센터에서 연구원이 왔다. 학생들에게 경제교육이 필요하니 학교에 강의를 나가라는 거였다. 과연 내가 잘할 수 있을까? 또 망설여졌다. 이때 연구원이 말했다. "많이 준비하셨으니 경제교육이 필요한 학생들에게 도움을 주세요."라며 할 수 있다고 용기를 주었다. 그 응원에 힘입어 경제교육 강의를 시작했다.

한번은 지역아동센터에서 전통시장체험을 했다. 전통시장체험 후 5학년 한 남학생이 작성한 소감문이다. '시장 체험하는데 더워서 등에 땀이 났다. 시장에서 닭강정, 떡볶이, 순대, 과자, 음료수, 과일 등을 샀다. 혼자서 시장에서 산 물건을 다 들고 왔다. 들고 오는데 좀 무거웠다. 그러나 혼자서 그 무거운 것을 다 들고 온 이유가 있다. 엄마 생각이 나서였다. 우리 가족을 위해 엄마도 시장에 자주 가신다. 내 등에 땀이 난 것처럼 엄마도 이렇게 땀이 났겠지! 그때의 엄마도 힘들었을 걸 생각하니 감사함에 절로 힘이 났다. 봉지들의 무게만큼이나 뿌듯했다. 엄마가 우리를 얼마나 사랑하는지 알게 되었다.' 소감문을 읽으면서 감동으로 눈물이 차올랐다.

우리는 살다 보면 기회들이 온다고 들었다. 몇 번? 3번. 땡이라고 단호하게 말한다. 기회는 아주 많이 온다. 단지 우리가 그 기회를 잡지 못할 뿐이다. 바로 준비를 안 하고 있기 때문이다. 준비만 하고 있으면 언제든지 기회를 잡을 수 있다. 준비는 자격증이 될 수도 있고, 수료증이 될 수도 있고, 경험일 수도 있다. 경험은 바로 경력으로 이어진다는 것을 잊지 않길 바란다. 미래를 위해 하고 싶은 것이 많은 사람이라면.

시련이 디딤돌이 되다

박심연

학창 시절 나는 연극배우가 되고 싶었다. 하지만 아버지는 내가 교사가 되기를 바라셨다. 아버지의 반대로 꿈을 접었다. 대학을 진학한 이후 난 꿈을 꾸지 않았다. 학교 졸업 후 얼마 지나지 않아서 결혼하였고, 두 아이의 엄마가 되었다. 월급쟁이 샐러리맨의 아내가 되었다. 평범한 전업주부였다.

그렇게 평범했던 우리 가정에 변화가 찾아왔다. 비가 사납게 내리던 월요일 아침이었다. 전화벨이 날카롭게 울렸다. 남편의 전화였다. "여보, 나 회사 그만두고 집에 가는 중이야." 남편의 목소리에 힘이 없었다. 성실하게 직장을 다니던 남편은 갑자기 사표를 내고 오는 길이라고 했다. 하늘이 무너져 내렸다. 짧은 순간 두 아이를 데리고 어떻게 살아갈까 하는 두려움이 들었다. 하지만 태연하게 전화를 받았다. "그동안 고생했는데 힘들면 조금 쉬어야죠. 조심히 오세요." 이유를 묻지 않았다. 전화를 끊었다. 비는 점점 더 세차게 내렸다.

남편을 기다리는 내내 아이들의 학비가 걱정되었다. 아파트 대출금은 어떻게 갚아야 할지 막막해졌다.

남편의 실직을 단 한 번도 상상해 본 적이 없었다. 생계를 위해 일을 해야 할 수도 있다는 생각 또한 한 번도 해보지 않았다. 그때까지 나에겐 집안일과 아이들을 돌보는 일, 그리고 남는 시간은 동네 친구들과 모여 차 마시고 수다를 떠는 것이 전부였다. 집에 돌아온 남편을 보는 순간 가슴이 울컥해졌다. 하지만 태연한 척 이제는 내가 벌면 된다고 큰소리를 쳤다.

대학을 졸업한 이후 잠시 다니던 직장에서 남편을 만났다. 결혼을 앞두고 나는 퇴사를 하였다. 그 이후에는 경제적 사회활동을 하지 않았다. 아이들을 키워놓고 일을 시작해보겠다고 생각했었다. 이제는 취업해야 하는 상황이지만 이미 경력단절녀가 되어 있었다. 경력도 없는 30대 후반의 전업주부를 흔쾌히 받아주는 회사는 없었다.

퇴직금으로 받은 돈은 생활비로 자꾸만 줄어갔다. 남편은 한 달만 쉬었다가 취직하겠다며 걱정하지 말라고 위로했다. 남편은 책임감이 강한 사람이다. 그런 남편을 믿었다. 다시 취업할 수 있다는 남편의 말에 잠시 걱정은 내려놓았다.

하지만 경력 단절이 되어 취업하기 힘든 나의 상황에 슬슬 약이 올랐다. 오기가 생겼다. 며칠 동안 지역신문을 뒤졌다. 주변에 지인들에게 부탁도 해보았다. 그러던 우연한 기회에 친구 집에 방문한 정수기 관리사원을 만나게 되었다. 정수기를 분리하고 필터를 교체하는 모습을 유심히 지켜봤다. 호기심이 생겼다. 어떻게 하면 그 일을 할 수 있는지 자세히 물었다. 그 정수기 관리사원은 친절하게 설명해주었다. 직접 자신이 다니는 회사에도 데려가 주었다. 그렇게 안내받았고 면접을 보게 되었다. 2박 3일간의 연수를 받아야 했다. 결혼을 하고 집을 떠나 먼 곳으로 연수를 가는 것이 처음이라 긴장이 되었지만 설레기도 했다. 본사에서 제공하는 대형버스를 타고 천안 근교에 있는 연수원으로 떠났다. J 학습지 회사에서 운영하는 연수원이었다. 강의장은 대학 시절 보았던 강의장의 10배는 되어 보였다. 편의시설은 고급 호텔에 온 것처럼 깔끔했다. 그곳에는 이미 교육받기 위한 신입사원들이 많이 도착해 있었다. 전국에서 모인 신입사원이 족히 200명은 되어 보였다. 그곳에 모인 신입사원들은 대 강의장에 모여 교육 받았다.

고객관리를 위한 서비스 교육과 직업 마인드 교육이었다. 대강의장 강단에서 강의하는 강사의 목소리는 시원한 바람과 함께 들려오는 풍경소리 같았다. 목소리는 맑고 또렷했다. 강사의 제스처는 부드러우며 절도가 있었다. 교육 받는 3일 내내 강사의 움직임에서 눈을 뗄 수 없었다. 알수 없는 설렘으로 가슴이 뛰었다. 정수기 관리사원 서비스교육을 받기위해 간 연수였지만 나에게는 새로운 꿈을 꾸는 곳이 되었다. 면접을 볼때 들었던 회사의 승진제도와 직무 전환 제도가 떠올랐다. 현장에서 열심히 일하다 보면 나도 기회를 얻을 수 있지 않을까 하고 기대하게 되었다. 내 꿈이 학창 시절 꿈꾸던 연극무대에서 강의 무대로 바뀌는 순간이었다.

20여 년 전에는 경력 단절 여성이 할 수 있는 일은 대부분 방문 판매원이나 보험회사 설계사 같은 것이었다. 내가 정수기 회사를 선택한 것도 그런 이유였다. 처음 정수기 관리사원이 되려고 했을 때는 잠시 생활비에 보탬이 되어보자는 생각이었다. 아이들 학원비라도 벌 수 있다면 하는 바람이었다. 특별한 비전이나 대단한 기대로 시작한 것은 아니었다. 연수원에서 강의하던 그 강사를 만나기 전까지는 말이다. 회사 내에서 사내 강사가 되기는 쉬운 일이 아니다. 나처럼 현장직으로 입사한 비정규직 사원에게는 더욱이 그렇다. 나에게 목표와 꿈이 생겼지만 길고 먼 여정이었다. 현장관리자를 거쳐야 주어지는 자격이었고 장시간의 경력을 쌓아야만 가능한 일이었다. 때로는 즐기며 때로는 매진하며 해보기로 결심했다. 10년이 넘는 동안 가끔은 포기를 하기도 했다. 한번은 강사 직무 전환 희망자를 뽑는다는 소식을 듣게 되었다. 지원하고 싶었다. 하지만 나의 상사는 나에게 관리자가 더 비전이 있다며 지금의 일에 충실 하자고 회유했다. 그 이후엔 나이가 너무 많아서 추천해 줄 수 없다는 말로 날 포기시켰다.

그렇게 직장인으로 살며 현실에 안주해 버린 자신을 보게 되었다. 이번에는 다른 누군가의 반대가 아닌 자신의 안일함 탓에 꿈을 잊어 가고 있다고 깨달았다. 다시 방향을 잡아야 한다고 생각했다. 초심을 잃지 말자고 자신을 향해 수없이 소리쳤다. 조직원을 육성하고 목표 달성이라는 성과를 위해 맡은 일에 열정을 다하려 노력했다. 그 순간 기회가 찾아왔다. 사내 강사로 직군 전환을 제안받게 되었다. 나에게 찾아온 천금 같은 기회에 난 얼떨떨했다. 제안을 흔쾌히 받아들였고 드디어 입사하면서 꿈 꿔왔던 사내 강사가 되었다.

그렇게 강사가 된 나는 4년 동안 사내 강사로 활동하였다. 신입사원들에게는 직무교육을 했고 관리자에게는 조직관리 강의를 하였다. 회사의 신제품 교육도 하였다. 해가 갈수록 강의 평가도 올라갔다. 강사로서 직장생활이 제법 안정적이었다.

그러던 중에 코로나19의 대유행이 시작되었다. 그 영향은 내가 일하는 아카데미에도 밀려왔다. 집체교육이 축소되거나 중단되었다. 대면교육이 전면 취소되는 사태가 벌어졌다. 점점 교육생들을 만나기가 어려워졌다. 강의 현장에서의 감응을 느낄 수 없게 되었다.

강의가 줄고 시간적 여유가 생기자 나는 왜 강사가 되고자 하였는가에 대한 의문이 생겼다. 교육생 마음에 몇 번이나 울림을 주었는지 반문했다. 상황과 여건에 핑계를 두고 초심을 잃어버린 자신을 보았다.

강사가 되려고 했던 나의 꿈은 어느 순간 숙제가 되었고 밀린 숙제를 마무리했다는 성취감은 더 이상 설렘을 주지 못했다. 변화해야 했다. 변화해야 한다는 생각이 나를 괴롭혔다. 그렇게 고민하고 있을 때 회사에서는 경영혁신을 위한 조직개편을 하겠다고 공표했다. 더 늦기 전에 새로운 꿈을 찾아야 한다고 생각했다. 며칠간 밤잠을 이루지 못했다. 매일매일 생각의 무게가 변했다. '그냥 이대로 안주할까? 아니다. 변화를 시도해야 한다. 몇 년만 버티면 정년인데 그냥 버틸까? 아니다. 더 늦기 전에 새롭게 도전하자.' 하루에도 몇 번씩 마음이 변했다. 고민 끝에 결단을 내렸다. 희망퇴직을 선택했다. 설렘을 주고 꿈을 꾸게 하는 강사가 되기로 하였다.

나에게 찾아온 시련은 오히려 나를 성장하게 한다. 캐나다 출신의 가수이자 시인인 레너드 코헨(Leonard Cohen)은 그의 노래 〈송가(Anthem)〉에서 "모든 것에는 균열이 있고, 이 균열 사이로 빛이 들어온다."라고 노래했다. 삶의 평온이 깨졌고 삶의 안정에 균열이 생길 때가 있었다. 시련이 올 때마다 포기하지 않고 그것에 맞서 또 다른 꿈을 만들기를 노력했다. 때로는 꿈을 포기해야 하는 순간도 있었다. 그 순간 과감한 선택이 필요했다. 원래대로 돌아갈 수 없기에 시련을 디딤돌 삼아 변화를 시도하였다.

꿈을 향해 달리는 두 번째 인생

유미인

충청도 산골짜기 작은마을 과수원 일로 바쁘신 부모님의 막내딸로 태어나 어린 시절 사람들 앞에서 노래 부르는 걸 좋아했다. 과수원집이었던 우리 집은 항상 일하러 오시는 어른들이 많았다. 어른들이 일하러 오시면 중간에 앉아 노래도 부르고 춤도 추고 하면서 재롱을 떨곤 했다. 어른들은 귀엽다며 의례적으로 하는 말이지만, 미인이 시집갈 땐 장롱 사줄게 하시는 분부터 다들 한마디씩 거들며 하하 호호 즐거운 대화가 오가곤 했다.

초등학교가 아닌 국민학교 출신이다. 국민학교는 언니 오빠 따라 학교 가고 싶다고 떼쓰다 보니 다른 친구보다 일찍 학교에 입학했다. 그래서 나보다 두 살 많은 동기, 한 살 많은 친구가 많다. 시골에서 모내기할 때 아버지 심부름으로 막걸리 사러 갔다. 집으로 오는 길에 홀짝홀짝 한 모금 한 모금 마시다 보면 주전자의 반은 비어 있다. 아버지는 막걸리가 왜 이거밖에 없냐고 물으시며 호통을 쳤다. "오면서 흘렸어요."

아버지가 믿거나 말거나 알딸딸한 나는 아버지 앞에서 노래 부르고 춤도 추곤 했다. 호통 치던 아버지는 나의 재롱에 사르르 살얼음 녹듯 녹아 버렸다. 아버지는 아마도 알면서도 모른 척한 것 같다.

천주교 학교였던 중학교 시절. 합창부와 연극부를 오가며 축제 때는 합창도 하고 연극도 하며 숨은 끼를 발휘하며 학창 시절을 보냈다. 음악 선생님은 성악을 공부해라. 미술 선생님은 미대 가기를 권했다. 선생님들이 권유했던 공부를 하진 않았지만, 나의 마음속 저 깊은 곳엔 항상 어른들 앞에서 재롱을 떨던 내가 살고 있었다. 잠재되어 있던 그 끼는 나중에 발산되었을까? 시니어 전문 강사로 어른들께 행복한 웃음을 전달하며 살아가고 있다.

처음 직장은 MBC 방송사였다. 시사 프로그램 자막을 넣는 일이었다. 타자를 많이 치는 일을 몇 달을 하다 보니 손목에 문제가 생겼다. 일은 힘들기도 했고 재미도 없었다. 사표를 내고 나와 두 번째 직장은 커피 회사 지점 경리로 취직했다. 외국 계열 회사다 보니 급여도 짭짤했다.

그러나 또 몇 년을 근무하던 중 혼자 자취를 하면서 제대로 챙겨 먹지 못해서 인지 몸에 무리가 오기 시작했다. 휴직계를 냈지만 계속 안 좋은 터라 요양 차 시골 부모님댁에 있다가 부모님의 권유로 사표를 던졌다. 세 번째 직장은 한화 베어링 대리점. 조그마한 회사였지만 대리점 중에 최고의 매출을 올리는 곳이었다. 베어링 대리점을 다니면서 선배의 권유로 이중 직장을 다녔다. 낮에는 베어링, 밤에는 한 달에 열흘만 일하면 되는 아파트 관리비 전산 관리하는 곳이었다. 이곳은 이름도 기억나지 않는다. 그냥 돈 버는 재미로 다녔다.

다른 친구들은 친구를 만나 술 먹고 수다 떨고 놀러 다닐 때, 나는 돈 버는 재미로 지냈다. 어떤 회사에 가든 무슨 일을 하든 최선을 다해 일하는 성격이다. 관리비 전산 관리하는 곳에서 성실히 일하는 나에게 스카우트 제의를 했다. 정식 직원으로 일하기를 원했다. 하지만 밤낮으로 일하다 보니 몸이 매우 힘들어서 입사하고 싶지 않았다. 그러다 몇 달 후, 위장 장애가 재발하여 모든 직장에 병가를 냈다. 그동안 열심히 일해 모아둔 돈으로 자그마한 아파트 한 채를 장만했다. 병가로 휴직하며 부산 오빠 집으로 요양 겸 바람 쐬러 가게 되었다. 거기서 지금의 남편을 만났다.

결혼하고, 아이를 낳고 순조롭게 살았다. 내 인생이 행복의 길이 열렸다는 기쁨도 잠시, 남편의 사업의 문제가 생겨 나까지 신용불량자라는 쓰디쓴 쓴맛을 보고 말았다. 중간중간 형제들에게 도움을 받기도 했지만 결국은 무너지고 말았다. 지푸라기라도 잡고 싶은 심정으로 친정 부모님께 손을 벌렸다. 부모님의 도움으로 작은 가게를 시작했다. 신용불량자인 나 대신 시어머니 이름으로 스마트폰 판매점을 시작했다. 처음 하는 가게 일이 지치고 힘들었지만, 친정 부모님을 생각하며 열심히 노력했다. 부모님을 실망시키지 않으려고 더 열심히 노력하며 살다 보니 조금씩 조금씩 정리가 되었다. 부모님께 빌린 돈은 이자는 못 드렸지만, 원금은 거의 갚아드렸다.

결혼 전에는 한 달에 한 번 꼭 부모님을 뵈러 갔다. 결혼을 하고 난 후 한 달에 한 번은커녕 1년에 한 번도 부모님을 뵈러 가기 힘든 상황이 되어버렸다. 부모님에 대한 그리움으로 생각했던 것이 봉사였다. 내가 사는 곳 어른들께 마음을 다해 봉사하다 보면 멀리 계신 부모님도 그곳에서 나 같은 사람에게 봉사받으시며 잘 지내실 거라는 막연한 생각을 했다.

동네 봉사단체에 가입하고, 총무, 사무국장을 하게 되었다. 봉사는 개인 돈도 들지만 큰 행사는 기관에 도움을 받기도 한다. 봉사하며 많이 해드리고 싶은 마음에 허리띠를 졸라매고 아끼고 줄여야 했다. 사무국장인 내가 배워서 활용하려고 이것저것 배우기 시작했다. 그 결과 여러 개의 자격증이 생겼다.

일 년에 두 번 어른들을 위한 큰 행사를 거뜬히 해냈다. 그 후 경로당에 지속적인 무료봉사를 하고 다니기 시작하며, 여기저기서 부르는 일도 생겼다. 한두 번 봉사를 다닐수록, 전문적인 강의를 하고 싶다는 생각이 들었다. 본격적으로 강의를 배우기 시작하며 열심히 연습하고 경력을 쌓기 시작했다.

 아픈 만큼 성숙해진다는 말처럼 힘들게 도전하고 배운 만큼 더욱 자질
이 풍성한 강사가 되었다. 시작은 노래 강사였다. 부산여대 평생교육원
교수님께 개인교습을 받느라 돈도 이루 말할 수 없이 많이 썼다. 그런데
노래 강사를 하기 위해서는 반주기, 스피커는 기본이고 마이크 등등 장
비(기계)도 사야 했다. '와! 집을 팔아야겠다.'라는 생각까지 들었다. 노래
강사를 하면서 예술 쪽으로 섭렵하기 위해 난타와 장구를 배웠다. 열심
히 했다. 그러나 뭔가 채워지지 않는 게 있었다. 자격증을 따러 가면 잠
시 교육하고 자격증 하나 주면 그만이었다. 아쉬웠다. 자격증만 딴다고
모두 다 할 수 있는 건 아니었기 때문이다.

 연습과 연습을 거듭해도 할 수 있을까 말까 한데 자격증 하나만 가지
고 일을 한다는 건 참 힘들다. 장롱 면허증이란 말이 있다. 강사 자격증
도 마찬가지다. 주변에 보면 장롱 자격증 여러 개 가지고 있는 사람들이
많다. 내가 이런 자격 과정을 하는 회장이 된다면 나는 절대 이렇게 하지
말아야지, 마음속으로 항상 외쳤다.

 조금씩 강사로 익숙해질 즈음 코로나19로 인해 자의도 타의도 아닌 그
누구의 잘못도 없이 강사라는 자리를 조금씩 빼앗겨 가고 있을 때 〈국민
강사교육협회〉를 만났다.

 기존 강의 분야와는 조금 다른 부분도 있었지만, 맥락은 거의 비슷했

다. 내가 추구하던 강의 방식과 마인드까지 딱 맞는 곳을 만난 것이다. 지금까지 하지 않았던 분야의 자격증을 따고 재교육을 꾸준히 받으며 강의가 더 깊이 있고 풍성해지고 있다는 걸 알게 되었다. 강의가 더 즐거워졌다. 내가 〈국민강사교육협회〉를 만나게 된 건 큰 행운이다. 막연한 미래의 꿈보다는 구체적인 미래의 비전, 전문강사가 되는 길을 안내하는 내비게이션을 장착한 것이다.

꿈을 실현하기 위해 헌신적이고 발전하는 강사로서 학습자들의 교육과 성공적인 학습을 지원하기 위해 노력하고, 학습자들의 다양한 학습 스타일과 수준에 맞춰 다양한 교수법과 학습 자료를 활용함으로써, 정기적으로 학습자들의 학습 진행 상황을 평가하고 개별화된 지도와 피드백을 제공하는 강사가 되려고 한다. 제2의 인생 제2의 강사 생활은 〈국민강사교육협회〉와 함께 지금부터 시작이다. 미래를 알 수 없기에 앞날에 대한 설렘은 나를 흥분시킨다.

강사, 내 삶의 새 빛

이서윤

'아흔아홉 개의 빛을 가진'이란 문장을 좋아한다. 지인들과 안부 메시지를 나눌 때도 '빛나는 하루', '찬란한 날들 되자', '단단하게 빛나라'로 '빛'이 든 단어를 사용한다. 『아흔아홉 개의 빛을 가진』이란 이병일의 시집 제목처럼 사람은 무수한 빛의 창고다. 멀리서도 빛이 나는 사람이 있는가 하면, 서 있는 것만으로 찬란한 사람이 있다. 포스를 느끼고 아우라가 느껴진다는 말도 이와 비슷하다. 보통은 자기 일을 잘 해낼 때 사용되는 경우가 많다. 지금부터 작지만, 빛이 나고 빛으로 서는 직업에 관한 이야기를 하려고 한다.

강사는 내 직업 중의 세 번째 직업이며 첫 번째 빛이다. 빛을 만나기 전에 10년 정도 전문화장품 가맹점을 운영했다. 시작은 경력 단절로 인한 재취업을 생각할 때였다. 둘째를 유치원에 보내고 독학으로 준비한 공무원 시험에 낙방한 바로 그날이었다. 시험 몇 달 전에 남편 직장동료가 투잡으로 마트 내 화장품 가맹점을 개업했다. 축하하러 갔다가 내심 부러워하는 남편의 얼굴을 봤다. 깔끔한 매장은 마트를 환하게 빛냈다. 그 후 직원 채용과 관리가 부담된 남편의 직장동료가 몇 달 후, 결국 매장을 임대로 내놓았다. 혹시 관심이 있냐는 얘길 들었지만, 당시엔 공무원 시험이라는 목표가 있어 염두에 두지 않았다.

시험을 보고 난 뒤 그날, 취업 대신 사업을 해야겠다고 결정했다. 그동안 머리가 녹슬었고 시험에 떨어질 것을 예상했다. 상대평가인데 쉬는 시간 대화를 들어보니 대학원을 다니는 수험생이 많았다. 시험장에는 나보다 나이 많은 사람은 보이지 않았다. 시험 결과도 보지 않고 퇴근한 남편에게 선언했다. 화장품점에 한 달만 상황을 살펴보겠다고 했더니 남편이 깜짝 놀랐다. 영업 경험이라고는 은행의 예금 창구 근무가 다였으니 놀랄 만도 했다. 남편 직장동료에게 내 의사를 전달했다. 그때부터는 남편의 직장동료가 아닌 매장 대표가 됐다. 대표에게 제시한 조건은 딱 하나, 한 달 동안 하루 4시간씩 근무하고 일을 배우는 대신 급여를 받지 않겠다고 했다. 매장 운영 상태를 꼼꼼히 점검하고 고객 응대와 관리를 제대로 배우게 해달라고 부탁했다. 나는 다음날부터 출근했다. 직원이 하나하나 꼼꼼히 설명했다. 특히 여성 고객 응대법을 자세히 배우고 화장품 성분도 공부했다.

그렇게 한 달을 보냈다. 내 속 어디에서 그런 당돌함이 있었을까? 매장을 인수하겠다고 남편에게 말했다. 열두 평 매장이지만 작아도 사업이니 경험이나 한번 하고 말 거라고 생각했는데, 운영하겠다고 하니 주변 사람들이 얼마나 놀랐을까? 결정을 내린 후 인수인계를 바로 진행했다. 개점 6개월 된 매장이라 손볼 게 별로 없었다. 본사 담당과 본사 직원 둘이 며칠 지원을 해주었다. 축제 같은 며칠이었다. 한국 나이 41세에 나는 당당히 사장이 되었다.

당시에 노동, 근로는 내게 신성한 단어였다. 일정한 시간에 출근하는 것이 내게 주어진 특별한 행운 같았다. 처음 몇 달 동안 출근길엔 입꼬리가 잔뜩 올라가고 매일 감사를 담은 화살기도를 했다. 매장에서는 방문 고객에게 마음을 다해 응대했다. 매출이 많이 오르면 직원들에게 성과금을 지급했다. 내가 잘해서가 아니라 함께 잘한 덕분이라 생각했다. 시작부터 10년을 함께한 직원은 자기 일처럼 열정적으로 근무했고 일부 고객들은 직원이 대표인 줄 알기도 했다. 경험이 쌓이고 매출이 늘자, 매장 하나를 더 내고 싶은 꿈을 갖게 됐다.

꾸준한 단골 증가로 매출이 안정됐을 때다. 친분이 쌓인 고객들과 사적인 얘기를 할 기회가 종종 있었다. 그중 한 분한테 여러 번 들었던 말이 있다. 나보다 몇 살 많은 고객은 태도가 단정한 사람으로 가끔 음료를 사서 건네주곤 했었다. 나더러 이런 매장을 운영할 사람이 아니라는 것이다. 내가 교육 쪽이 맞는 것 같다며 여기 있기엔 아깝다고 했다. 처음 그 말을 들었을 때는 상당히 당황스러웠다. '만족하며 잘하고 있는데 왜 저런 말을 하지.'라는 생각이 들어 흘려들었다. 그 이후에도 다른 사람에게 비슷한 말을 들었다. 그때부터였다. 현재라는 시곗바늘이 미래로 돌아가는 게 불투명해졌다. 내가 지금 하는 일과 미래에 대해 고민했다. 처음 내게 교육이 맞을 거란 말을 해준 고객은 그 후로도 여러 번 얘기했고, 나는 불안한 내일에 대해 생각하기 싫었던지 가끔은 그런 대화가 부담스러웠다.

그즈음이었다. 한 블록 중심 상가 안에 화장품 전문점이 10여 개가 들어선 것이었다. 한정된 고객을 상대로 서로 경쟁에 돌입했다. 프랜차이즈 가맹점들이 우후죽순 들어서고 은퇴자금, 여유자금 있는 사람들이 자영업의 세계로 막 밀려들었다. 근처의 매장 하나가 개업할 때마다 매출이 뚝 떨어졌다. 회복까지 길게는 2주 정도 걸렸다. 당시 나는 팟빵에서 오디오로 비주류 철학자들의 방송을 즐겨듣곤 했다. 두 철학자는 자본주의가 천민자본주의로 전락했고 경쟁으로 내모는 현재가 자본주의의 정점이라고 말했다. 자영업자 진입 경쟁에 시달리는 중이어서인지 그 말에 솔깃했다. 이 사회 안에서 현재 경제활동인 자본주의 시장경제와 대안경제 활동에 대해 고민했다. 그 상황에서 추가 운영하려던 매장 인수를 포기했다. 기존 매장을 더 운영할 것인지, 그쯤에서 다른 사람에게 넘길 것인지가 더 큰 고민이었다.

그러다 마침 시청에서 온 문자를 보고 무턱대고 사회적경제 창업아카데미에 등록했다. 그림이 그려지지도 않았지만, 새로운 시작이 필요했다. 오전에는 3개월 과정의 창업 과정을 교육받고 바로 출근했다. 70명이 모인 창업아카데미 교육 내용은 재미있었다. 무엇인가를 해낼 수 있을 거란 희망이 생겼다. 기업 견학을 가고 창업 선배들의 이야기를 들으며 가슴이 콩닥댔다. 새로운 것은 가슴을 두근대게 한다. 3개월의 막바지에 예비 창업 컨설팅이 있었다. 당시 내가 계획했던 비즈니스 모델은 사회적 미션이 부족했고 지역에 적용하기가 좀 이르다는 평가를 받았다. 대도시에서나 가능한 아이템이라는 컨설턴트의 말에 포기했다. 나는 선택이나 포기가 참 빠른 사람인 것 같았다. 그러던 중 강의를 할 수 있는 교육과정을 발견했고 창업아카데미에서 함께 공부한 사람들과 같이 등록했다. 강의는 쉬운 일이 아니었다. 교육자로 남들 앞에 서는 게 쉽지 않았다. 시연할 때는 쿵쾅대는 심장박동을 세지도 못할 정도였다. 나도 모르던 습관어에 대해 알았다. 부족한 게 참 많았지만, 지는 걸 싫어하는 성격을 장점으로 삼아 나를 압박했다. 압박감을 동기부여로 꾸준히 연습했다. 오디션을 보는 시기, 산란하는 빛 속에서 휘청대는 내가 있었다.

경력 단절 주부, 전직 교사, 방과 후 교사, 전업 예정자, 현직 강사가 서로 뭉쳐 창업을 준비했다. 교육협동조합 설립을 목표로 창업 육성 사업에 공모했는데, 운이 좋았는지 선정되었고 창업자금을 받았다. 모 대학 경영학 교수의 멘토링으로 맨땅에 헤딩하며 방향성과 지속가능성에 대해 고민하며 토론했다. 협동조합 형태의 법인은 엄청난 양의 창업 서류와 많은 시간을 들여 의사결정을 해야 해서 금방 피곤해졌다. 이론대로 주인의식을 가지고 운영했지만, 여차하면 배가 산으로 올라갔다. 갈등관리 교육을 받고 컨설팅을 통해 조금씩 조직이 다듬어졌다. 밤늦게까지 때로는 휴일에도 교육 체험 행사 준비로 모였고 시간이 지나자, 가족보다 더 많이 보는 사이가 됐다. 교육에 더해 캠프와 행사를 운영하면서 강사로서의 역량이 조금씩 보완됐다. 역량 신장은 눈에 띄지 않다가 몇 계단을 홀쩍 올라가기도 했다. 우리는 서로에게 찐한 격려와 응원을 보냈다. 긴 터널을 지나오니 단단하고 작은 빛이 나를 기다리고 있었다.

강사라는 목표를 시작점으로 찍고 점과 점을 연결하고 선과 선을 연결하자 깨알 같은 빛 하나가 생겼다. 해뜨기 직전이 제일 어두운 시간이라는 말이 있다. 긴 터널을 빠져나오기 전에 봤던 희미한 빛의 이름은 희망이었다. 조지 와인버그는 "희망은 결코 당신을 버리지 않는다, 희망을 버리는 건 바로 당신이다."라고 했다. 시련은 수시로 손님처럼 찾아왔다. 그때마다 포기하지 않고 어떻게 하면 난관을 풀 수 있을지 생각했다. 희망을 버리지 않았기에 두 손에 강사라는 빛을 쥐었다. 고난이 왔을 때, 나는 그걸 벽이라고 느끼지 않았다. 나를 받쳐줄 단단한 디딤돌이라고 믿었다.

무엇을 할지 몰라 주저하고 있다면 일단 생각나는 것 하나를 목표로 잡고 점을 찍어보길 바란다. 그다음엔 과감하게 다시 점을 찍고 연결해 보라. 멈추지 않는다면 선은 연결되게 되어 있다. 연결선은 면을 만든다. 면이 된 공간에 커다란 창을 만들고 눈부신 빛을 넣는 것은 각자의 몫이다.

절망 속에 피어난 꽃, 강사의 길

정순옥

누군가가 나에게 지금 하는 일에 만족하시나요? 라고 물어본다면 당연히 그렇다고 대답할 자신이 있다. 유명한 스타 강사여서도 아니다. 돈을 많이 벌어서도 아니다. 단지 내가 하고 싶었던 일이고, 좋아하는 일이기 때문이다. 그리고 앞으로 더 잘될 거라는 희망을 꿈꿀 수 있는 일이기 때문이다. 누구나 그러하듯 계획한 대로 술술 풀리는 인생을 사는 사람은 그리 많지 않다. 각자의 방식대로 주어진 현실에 최선을 다해 열심히 살아 내고 있을 뿐이다. 나 또한 그렇게 살아왔고, 내가 하고 싶은 일보다 해야만 하는 일에 집중하면서 살아왔다. 나도 처음부터 강사의 길을 걸어온 것은 아니었기 때문이다.

아주 어릴 적 나의 꿈은 대형 슈퍼마켓 사장이었다. 넉넉지 않았던 가정에서 태어난 나는, 오롯이 나의 몫으로 과자 한 봉지를 쥐고 먹는 것이 소원이었다. 슈퍼마켓 사장이 돼서 먹고 싶은 거, 갖고 싶은 거 다 가질 수 있게 해달라고 빌어 본 적도 있다.

학교에 들어간 후 내 꿈은 선생님이었다. 어릴 적 눈에 비친 선생님은 세종대왕보다도 훌륭한 사람이었고 존경의 대상이었다. 충분히 나의 장래 희망을 꿈꾸게 할 만한 사람이었다. 하지만 넉넉지 않은 가정 형편으로 꿈을 접고 부모님의 뜻대로 안정적인 직장인이 되었다. 막연하게 '돈 많이 모아 결혼해서 평범하게 잘 사는 게 성공한 인생'이라 생각했다. 지금 생각해 보면 나의 20대는 모범 답안지 그 자체였다. 급여의 80%를 적금 들고, 나머지 20% 중에서도 나를 위해 쓰는 여가비는 거의 없었다. 누군가가 나에게 다시 20대로 돌아가 가장 해보고 싶은 것이 무엇이냐고 묻는다면, 망설임 없이 '일탈'이라고 말할 수 있다. 내가 하고 싶은 대로 다양한 것에 도전하고 경험해 보면서 자유분방하게 즐길 줄 아는 나로 살아보고 싶다.

그 시절이 다시 오지 않을 거라는 것을, 그때는 왜 몰랐나 싶다. 과거에 집착하지 말고 미래에 겁먹지 말고 'Here and Now'에 충실한 삶이야말로 멋진 인생이라는 생각이 든다.

20대 후반 7년 넘게 연애한 지금의 남편과 새로운 인생을 시작하게 되었다. 결혼은 현실이었다. 평범한 일상이 얼마나 소중한지 결혼 후 알게 되었다. 성실한 남편 덕에 작은 아파트 하나를 장만할 수 있었다. 평탄할 것만 같았던 결혼 생활은 그리 오래가지 못했다. 아파트는 부도가 낫고, 감당하기 힘든 빚이 생겼다. 그나마 든든했던 남편 직장도 기업 합병이 되면서 희망퇴직을 권고받게 되었다. 대기업 퇴직 명분으로 대리점 간판을 걸고, 새로운 사업을 시작했지만, 생각만큼 잘되지 않았다. 하루하루가 힘겨웠다. 남편에 대해 원망도 했지만, 나아지는 것은 없었다.

고단한 일상의 반복이었다. 결단이 필요했다. 하지만 직장을 구하는 일은 그리 녹록지 않았다. 현실은 생각보다 냉혹했다. 20대에 생각했던 일은, 돈보다 적성에 맞고 좋아하는 일을 찾는 게 더 중요했다. 30대가 되면서 달라졌다. 돈도 많이 주고, 시간적으로도 여유로운 곳이면 좋겠다고 생각했다.

선택의 여지가 없었다. 다만 주어진 환경에 최선을 다할 뿐이었다. '벼랑 끝에 서면 길이 보인다.'라는 말이 있다. 다급함이 있다면 누구나 일어설 수 있다. 목표가 생기고, 내가 해야 할 일을 찾게 된다. 그러다 보면 뜻이 있는 곳에 길이 있듯 나의 길을 찾아가게 된다.

어느 날 지인 언니가 찾아와서 S 생명에 다닐 의사가 있는지 물었다. 영업이라는 제안에 잠시 망설였지만, 열심히만 하면 다른 곳보다 급여도 높고 시간적 여유도 많다는 설득에 흔들렸다. 어린아이들을 돌보면서 할 수 있는 일이고, 교육 강사로 활동할 기회도 주어진다는 말에 용기를 내 보기로 했다. 내향적이었던 나에게 사람을 상대하는 일은 그리 쉬운 일은 아니었다. 주위 언니들은 나를 두고 한 달 안에 그만둘 거라는 내기를 했었다고 말하기도 했다. 하긴 울면서 집에 오는 날이 하루 이틀이 아니었으니 주위 반응이 이상할 일도 아니었다. 개척 활동을 하면서 용기가 나지 않을 때마다 마음속에 다짐해 보던 말이 생각난다. '창피함은 한순간이다. 지금 안 하면 기회는 없다. 후회하지 말고 해 보자.'를 주문처럼 외우고 다녔다. 돌이켜 생각해 보면 이런 절실함이 숨겨진 나의 잠재력을 이끌어 올려 준 원동력이 아니었나 싶다. 열심히 노력한 결과 입사 한 이듬해 팀장 자리에 앉게 되었다. 대기업이란 명분은 나에게 경제적 보상과 더불어서 다양한 교육과 연수 참여의 기회를 주었다. 나름 전문가로 역량도 갖추고 인정도 받았다. 하지만 달콤한 보상 뒤에 숨은 책임감이라는 자리의 무게는 생각보다 버거웠다. 일에 대한 박탈감이 들었고, 나를 자학하는 시간이 많아졌다.

우리 팀의 평균연령은 50대였다. 경력도 많고, 실력도 월등한 사람들이었다. 사적으로는 더할 나위 없는 좋은 관계였지만, 일적으로는 팀 목표와 마감의 중압감을 함께 나누기엔 관점의 차이가 너무 달랐다.

혼자서 속앓이 하는 날이 많아졌다. 스트레스로 원형탈모가 생겨났다. 마감 일이 겹쳐 출퇴근 시간이 일정하지 않은 날은 늦은 시간까지 아이들을 어린이집에 맡겨야 했다. 잠들어 있는 아이들을 깨워, 집에 와서도 한바탕 전쟁을 치러야만 했다. 가족을 위해 시작한 일인데 회사에서 받는 스트레스를 아이들에게 풀고 있었다. 행복하지 않다는 생각이 들었다. 벗어날 수 있는 돌파구가 필요했다.

어느 날 팀원 언니의 추천으로 적지 않은 사비를 들려, S대학교에서 시행하는 상담심리 과목을 수강하게 되었다. 설득의 심리학을 배워 팀원들과 고객에게 소통할 방법을 찾아보고 싶었다. 기대와 다르게 계속 나의 이야기만 하라고 한다. 상대방을 설득하는 기술을 배워보고 싶었는데, 설득당하는 기술만 가르치니 여간 답답한 일이 아니었다. 그런데 어느 순간부터 내가 원하는 욕구를 찾게 되고, 상대방을 이해할 수 있는 방법을 찾아낼 수 있었다. 간혹 아이들 이야기를 할 때면 보채고 떼쓴다고 화만 냈던 것이 미안해 눈물이 났다. 그런 나를 보고 교수님이 일일 미션을 주었다. 설거지하든 빨래하든 아이가 부르면 눈 맞춤하면서 대답하기였다. 밑져야 본전이라는 생각으로 아이들 말에 눈 맞춤하며 들어 주니 보챔이 멈췄다. 그때야 깨달았다. 아이들이 받고 싶었던 것은 엄마의 작은 관심이었다는 것을….

몇 년이 지난 후 지점 전체가 대리점으로 전환되면서, 하던 일을 과감하게 접고 시간적 여유라는 보상을 받게 되었다. 그만두면 후련할 것만 같았는데 허탈하고 아쉬운 여운이 많이 남았다. 돌이켜 생각해 보면 S생명은 내 인생의 전환점이 되어 준 곳이기도 하다. 가랑비에 옷 젖듯 고난이라고 생각했던 많은 시련과 다양한 경험은 나를 변화시키고 성장시켜 준 계기가 되어 주었다. 상담은 치열했던 나의 일상에 쉼을 주고 응어리졌던 마음을 풀 수 있는 계기가 되어 주었다.

내가 좋아하고 잘하는 것을 접목해서 할 수 있는 것이 무엇인지 찾기 시작했다. 교육받는 것을 좋아하던 터라 관내에서 운영하는 모든 강좌를 찾아다니며 들었다. 마치 신세계를 만난 것처럼 하루에 두세 강좌를 청강했다. 외부 강사 초청 강의도 빠짐없이 찾아다녔다. 각양각색의 강좌를 들을 때마다 마음에 큰 울림을 받았다. 힘든 날 상담을 통해 마음을 위로받았던 것처럼, 강의를 들으면서 진한 감동을 느꼈다. 누군가에게 선한 영향력을 주는 강사라는 직업이 매력적으로 느껴졌다. 다시금 접어두었던 선생님이라는 꿈을 끄집어내게 했다. 도전해 보고 싶었다. 그런 상상만으로도 가슴이 뛰기 시작했다.

'간절히 바라면 반드시 꿈은 이루어진다.'라는 말이 있다. 2016년 어느 날 드디어 나에게도 기회가 찾아왔다. 강좌를 들으면서 취득한 자격증으로 여러 기관에서 봉사를 시작하게 되었다. 순수한 목적으로 시작한 봉사지만 연 100시간 이상을 채울 만큼 열심히 활동했다. 이런 활동이 인연이 되어 S기관에서 보조강사로 활동하게 되었다. 물론 그 기간 나에게 발생되는 소득은 없었지만, 배울 기회를 얻게 된 것만으로도 감사하고, 가슴이 뛰고 즐거웠다. 이런 경력으로 이듬해부터 S시청 생활환경 강사로 위촉 되면서 학교 수업을 들어가게 되었다. 이것이 강사로서의 첫 출발점이다. 미친 듯이 여러 강좌를 찾아다닐 때, 나의 마음에 큰 울림을 준 멘트가 있었다. 강의 주제가 성공이란 주제였다. '성공이란 내가 좋아하는 일을 하는 것, 내가 좋아한 일로 경제적인 능력을 키우는 것, 경제적 능력으로 다른 사람을 돕고 사는 것'이란 말이었다. 나는 절망 속에서 강사라는 희망의 꽃을 피워, 성공의 두 번째 문턱을 넘어가는 중이다. 막연함을 현실로 가져오는 방법은 지속성이다. 당장 성과가 보이지 않더라도 포기하지 않고 꾸준히 준비해 나간다면 누구에게나 기회는 주어진다.

준비하지 않으면 실패를 준비하는 것이다

정종관

　35년 4개월의 군 생활. 옛 말씀에 10년이면 강산도 변한다고 했던가? 그러고 보니 군 생활 중 군복 색상과 무늬, 전투모 모양과 색상이 세 번씩이나 바뀌었다. 1983년 5월 어느 늦은 봄날의 푸르름과 가족들을 뒤로한 채 입대를 했다. 장교를 양성하는 과정이기에 훈련이 어렵고 힘들어서 그만 포기할까도 생각했다. 그렇지만 군 생활을 장교로 임관해서 시작하겠다고 다짐한 바가 있기에 이를 악물고 견뎌냈다. 마침내 그해 10월 100만 촉광의 육군 소위 계급장을 이마에 달고 어깨 위에 올리는 영광의 순간을 맞이했다. 머리는 차갑고 예리하게 가슴은 뜨겁고 포용력 있는 멋진 장교가 되겠노라고 스스로 다짐했다. 그리고 2018년 8월, 육군본부에서 전역 신고를 마치고 정문을 나서면서 군대를 떠나왔다. 시원함과 허무함, 아쉬움과 보람되었던 순간들이 주마등처럼 지나갔다.

　3개월 정도의 기간을 정해서 육체적 정신적으로 지친 몸과 마음을 치유하고 회복하기 위해서 쉼을 가지기로 했다. 그런데 쉽지만은 않았다.

35년여의 기나긴 군 생활 동안 몸에 배어 있던 습관들은 편안한 쉼을 허락하지 않았다.

군 동기생 딸 결혼식에 참석했다. 오랜만에 만난 동기들의 안부는 단연 '지금은 뭐 하고 지내지?'라는 질문으로 시작했다. 대부분 대답은 '전역한 지 얼마나 되었다고 뭘 하냐. 집에서 푹 쉬고 있지.'라는 대답이다. 그 뒤에 이어질 말은 생략되었지만 뭔가 인생 2막을 위한 준비를 하고 있다는 말이 포함되어 있으리라.

신부가 입장하는 모습만 눈에 남기고 바로 식당으로 발걸음을 재촉했다. 벌써 자리가 꽉 차서 앉을 자리가 없다. 다행히도 먼저 식당에 도착한 동기들이 모여 앉아 있는 원탁에 자리를 잡았다. 내 옆자리에는 알지 못하는 분이 앉아 있었다. 눈인사만 대충 하는 둥 마는 둥 하고 자리에 앉았다. 식사 자리에서도 오가는 대화들은 역시 전역 후에 무엇을 할 것인가가 화두다.

친한 동기가 내 옆자리에 앉아서 식사를 하고 있는 분을 소개해 준다. "친구야, 네 옆에 앉아 있는 분은 군 선배님이셔. 현재 사단법인에서 교육국장을 하고 계시지. 너 혹시 강의할 생각 없냐? 군 생활하면서 교관 경력이 많잖아. 리더십과 인성교육은 네가 짱이었잖아." 군 선배라는 말에 다시 자리에서 일어나서 정식으로 인사를 하고 앉았다. 선배라는 분이 호주머니를 잠시 뒤적이더니 명함을 꺼내서 내게 주신다. 간단하게 본인 소개를 하면서 '강의하고 싶으면 연락하세요.'라고 퉁명스럽게 한마디 툭 던진다. 명함은 받았지만 별 관심도 두지 않고 동기들과 웃고 떠들면서 식사를 마쳤다.

며칠이나 지났을까? 선배라는 분께 받았던 명함이 갑자기 생각났다. 결혼식 때 어떤 옷을 입었었지? 몇 벌의 옷을 뒤지다가 꼬깃꼬깃한 명함을 발견했다. 〈(사)한국민방위안전협회〉. 인터넷을 검색했다. 국민안전처, 즉 지금의 행정안전부로부터 법인설립 허가를 받은 비영리단체이다. 설립 목적은 '국가 비상사태 및 재난으로부터 국민의 생명과 재산을 보호하고 정부의 정책 구현을 지원하는 대변자 역할'을 하는 것이다. 재난안전과 관련된 자격 과정도 운영한단다. 내용을 보니 군 생활하면서 몸에 익혔던 부분들과 상당히 연관성이 높았다. 그리고 중요한 것은 바로 내가 거주하고 있는 영등포에 사무실이 있다는 것이다.

〈(사)한국민방위안전협회〉에서 국민안전 및 재난대응 명강사 과정과 자격과정이 동시에 진행된다는 안내를 받았다. 그렇지 않아도 생각하고 있던 터라 바로 등록을 했다. 자연재난, 사회 재난, 재난안전 관리, 재난심리, 위기관리 리더십, 응급처치 및 심폐소생술 등 다양한 분야를 접할 수 있는 절호의 기회였다. 마지막 날에는 강의 시연이 진행되었다. 군 생활 중 교관 경력이 빛을 발하는 순간이었다. 평가 위원들의 칭찬을 한몸에 받으며 우수한 성적으로 '재난안전 관리사'라는 자격증을 획득했다. 군 전역 이후 민간인이 되어서 처음으로 얻어 낸 소중한 결과물이었다. '내가 강사가 될 상인가?'라는 질문을 스스로에게 던져보았다.

자격과정을 마친 후 보름 정도 지난 어느 날 협회 자격과정 중에 만난 지인에게 연락이 왔다. 이화여대 평생교육원에서 명강사 과정을 운영하는데 지원 한 번 해보라는 정보를 주었다. 본인도 그 과정을 마치고 민간 강사들을 많이 만나서 많은 도움을 받고 있고 아낌없는 도움을 주겠다고까지 했다. 사실 협회에서 만난 강사들은 대부분 군 출신이었다. 왠지 아쉬움을 많이 느끼고 있었는데 군 출신이 아닌 민간 명강사들을 많이 만날 수 있다는 사실이 내 마음을 움직였다. 이화여대 명강사 과정을 수료하면 수료자 자격으로 지인을 한 명씩을 추천할 수 있다고 했다. 지난번 시연 강의 때 유심히 관찰을 했고 이화여대 담당 교수님께 말씀을 드렸더니 추천해보라는 허락을 받았다고 했다. 비용이 만만치 않았고 심층 면접 과정도 있다는 말에 잠시 망설였다. 하지만 이왕 강사가 되어보겠다고 결심한 이상 전문적으로 강의하시는 교수님들을 통해서 강사로서 역량을 키워야겠다는 생각이 앞섰다. 나에게는 가뭄 속에 단비 같은 희소식이었음으로 나름대로 면접 준비를 했다. 얼마 후 심층 면접을 통과하고 이화여대 명강사 과정에 등록을 할 수 있었다.

약 4개월 동안 주말을 이용해서 과정에 참여했다. 모처럼 군 출신이 아닌 민간인들을 많이 만날 수 있는 기회였다. '내가 여기서 잘 적응하려면 어떻게 해야 할까?'를 늘 생각했다. 그래! 내려놓자. 군에서 대령이었지 지금은 전역을 해서 민간인 아닌가? 이 시점에서 육군 대령이었음을 이야기하면서 고개 빳빳하게 들고 다니면 누가 알아주겠는가? 과정이 있는 날이면 30분 먼저 도착해서 테이블도 정리하고 컴퓨터도 미리 점검해서 교육이 원활하게 진행되도록 했다. 그리고 인사를 할 때도 의도적으로 머리를 공손히 숙여서 인사를 했다. 군인 딱지를 벗어내기 위해서다. 강의가 마무리되면 뒷정리도 하면서 참여하신 분들과 가까워지려고 노력했다. 이러한 노력은 과정 시작부터 수료할 때까지 한결같이 계속되었다.

확실히 교육의 방법은 달랐다. 군 교관 시절 강의 방법과 전역 후 민간인으로서의 강의 방법은 달라져야 함을 뼈저리게 느끼는 시간이었다. 과정이 진행되면서 스스로 많은 성장을 이뤄내고 있음을 느꼈다. 과정 중 몇 번의 시연 강의가 진행되었다. 너무 군인 같단다. 말투가 너무 딱딱하단다. 우리 반 담당 교수님뿐만 아니라 다른 반 담당 교수님께서도 같은 내용의 피드백을 주셨다. 열심히 하는 모습을 보고 안타까움이 크셨나 보다. 교수님들의 피드백을 하나도 빠진 것 없이 메모했다가 집에 와서 거울을 보고 자세부터 연습했다. 녹음을 해서 억양도 고쳐 나갔다. 줌 플랫폼을 이용해서 녹화를 한 후 표정, 자세, 몸짓, 말투 등을 하나씩 고쳐 나갔다. 계속해서 이러한 노력을 하다 보니 몸에 배어 있던 습관들이 하나씩 고쳐지기 시작했다. 고쳐진 부분들은 메모에서 한 줄 두 줄 지워 나가면서 보람을 느끼기 시작했다. 몇 번의 시연 강의가 더 진행되었다. 참가자 중에서 가장 많은 발전을 했다는 피드백을 들었다. 마침내 수료 식 행사에서 최우수 강사라는 영예를 안았다. 그 외에도 봉사상, 열정상 등 무려 네 개의 상을 받았다. 군에서 40여 회 이상의 상을 받은 경험이 있다. 물론 그 상도 가치가 있었지만 이번 상은 나에게 특별함을 주는 상 이다. 자신감을 불어 넣어주는 원동력이 되고 불쏘시개가 되어주는 상이 되었다.

전역 후에 강사의 길을 가고자 결심을 하고 여러 과정을 경험했다. 웬 명강사들이 이렇게도 많은지 '내가 발붙일 분야가 있을까? 저 높은 강사 의 숲에서 살아날 수 있을까?'라는 두려움이 앞섰다. 명강사 과정 주임교 수가 늘 강조하는 말이 생각났다. '준비가 기회를 만나면 기적이 일어납 니다. 누구나 강사의 꿈을 꿀 수는 있습니다. 그러나 아무나 그 꿈을 이 룰 수는 없습니다. 준비된 강사만이 그 꿈을 이룰 수 있습니다.' 그렇다. 저분들보다 더 많은 노력을 해서 준비를 잘하면 나도 저분들처럼, 아니 저분들을 뛰어넘는 명강사가 될 수 있다. '나 이대 나온 남자야.'라는 자 부심과 열정, 자신감이 불끈불끈 솟아났다.
준비된 자에게 기회는 온다.

사람을 변화시키는 강사

정창교

    고등학교 2학년 때 친구 누나가 시집가는 날 찍은 사진을 보면 유독 얼굴이 빨갛게 되어 있는 사람이 있다. 남 앞에 서는 일이 좀처럼 쉽지 않았다. 낮은 자존감은 초등학교 6학년 때 광부였던 아버지가 지병으로 사망한 뒤부터 나를 괴롭혔다. 어머니는 33세의 나이에 홀로 되었다. 갑자기 2남 2녀의 자녀를 돌보는 것이 불가능해졌다. 둘째 여동생을 당시 이리역(현 익산역) 근처에서 여인숙을 하는 이모 집에 보냈다. 한 달도 안 되어 둘째 여동생이 어머니를 보겠다며 보채자 큰이모 집에서 잠시 맡게 되었다.

    이사 가는 날 모두 보기로 했다. 하지만 그것은 불가능한 상황이었다. 세 발 자동차에 짐을 싣고 도시로 이사 가는 길에 둘째 여동생이 탈 자리가 없었다. 어머니는 돈을 벌어야 했기 때문에 가족들과 헤어져 당장 찾아 일터로 내몰렸다. 큰이모가 둘째 여동생을 맡아 하룻밤을 지냈으나 다음날 어머니를 찾는다며 버스터미널로 간다는 소식만 확인했을 뿐 이후로 소식이 끊겼다.

둘째 여동생이 어디론가 사라진 뒤 아버지가 돌아가신 그해 태어난 막내 남동생이 이리역 근처의 이모 집으로 가서 살게 되었다. 중학교 1학년 때였다. 대도시의 공장지대의 폐지공장 사택의 다 쓰러져가는 초가집 작은 방 한 칸에서 소년가장처럼 살게 되었다. 구들장이 주저앉아 불을 땔 수도 없어 공장 보일러실에서 온수 한 통을 받아와 그 온기로 이불을 덮고 웅크리고 잠을 청했다. 할머니 밑에서 도움을 받았지만 세끼 식사도 어려운 상황이었다. 영세민으로 정부 구호를 받으며 간신히 살았다. 그런 가정환경을 극복해보려고 기계공고를 진학하였다.

조간신문을 돌리며 1시간 30분 거리의 학교를 자전거를 타고 통학하였다. 태권도부에 들어가 냉수마찰도 하면서 3년간 운동을 하였다. 인문계로 바꾸기 위해 재수를 선택했다. 4년제 국립대에 입학할 수 있는 점수를 확보하였다. 대학에 들어갔으나 학과 공부보다는 신문사 생활에 더 신경을 썼더니 첫 학기부터 학사경고를 받았다. 이후 성적도 그리 좋지 않았다.

다행히 대학에 입학한 뒤에야 남의 앞에서 발표하는 기회가 주어졌다. 대학 신문사 기자가 된 뒤 취재 활동과 글쓰기 훈련을 하게 되었다. 대학

2학년 때 국제펜클럽이 남산에서 개최한 전국 대학생 시 낭송 대회에서 최우수상을 받았다. 스스로 지원해 이뤄낸 것이었다. 과사무실 앞에 홍보문이 붙어 있는 것을 보고 자신감이 생겼다. 1980년대 대학가에서 시 낭송을 하는 유명 인사가 되었다.

국문학과 학회장 선거에 나가 처음으로 상대방보다 더 많은 표를 받고 당선되었다. 남 앞에서 말하는 것이 처음에는 약간의 부끄러움과 쑥스러움 때문에 쉽지 않았다. 하지만 남들 앞에 서서 말하는 즐거움 또한 그 못지 않게 컸다. 학교 신문사 주간의 추천으로 방송국 작가로 3년 정도 일하였다. 1991년 11월 국민일보에 경력공채로 입사해 2023년 1월까지 31년 2개월 동안 취재기자로 일하면서 남의 이야기를 취재하는 데 몰입해왔다. 정년 무렵, 이제는 다른 사람의 이야기가 아니라 나의 경험을 활용해 누군가에게 도움이 되는 일을 하겠다는 각오를 하게 되었다.

자폐성 장애를 갖고 태어난 아들과 함께 살면서 『차별 없는 세상』 등 4권의 책을 쓰고 비영리민간단체 〈사단법인 꿈꾸는 마을〉을 설립하였다. 2011년 7월부터 2022년 7월까지 발달장애인 문화예술 전문지 『꿈꾸는 사람들』 33권을 한국문화예술위원회와 지방정부 보조금 공모사업 등으로 제작해왔다. KBS 3라디오에서 '정창교 기자의 차별 없는 세상'이라는 코너를 통해 350회 정도 출연하면서 방송용 목소리에 최적화한 경험이 강사로 큰 도움이 되었다.

2022년에는 비영리민간단체 〈사단법인 꿈꾸는 마을〉이 한국장애인고용공단 인천지사와 협약을 맺고 강사지원사업을 시작했다. 발달장애인 연주자 2명과 발달장애인 미술가 1명을 파트너 강사로 참여시키고 장애인 부모 3명이 전문 강사로 나서면서 50곳에 대한 장애인 인식개선사업을 진행하였다. 올해도 2년째 강사지원형 사업을 수행 중이다.

장애인 인식개선 교육을 비롯한 법정 교육에 대해 사내 강사 역할을 한 것도 의미가 컸다. 〈사단법인 꿈꾸는 마을〉 활동지원기관 소속 장애인 활동 지원사 110여 명을 대상으로 2023년 3월 유튜브에 강의 내용을 올려 댓글을 다는 방식으로 교육을 추진하였다. 사내 무료교육이지만 세부적인 내용을 알게 돼 장애인을 대상으로 한 돌봄서비스에 도움을 받았다는 반응이 나왔다. 법정 장애인 인식개선 교육을 수행하는 과정에서 다른 법정 교육을 할 수 있느냐는 요구가 많아 시작한 공부가 법인 운영 사업에 적용돼 효과를 톡톡하게 보게 된 셈이다.

강사는 말을 잘하는 것도 중요하지만 강의를 들은 사람들의 생각을 변화시키는 것이 더 중요하다. 그런 점에서 매력이 넘치는 영역이다. 강사는 1인 기업가이기도 하다. 자신을 홍보하는 전자책을 내고 강의를 통해 수익화를 실현하는 것은 바람직한 모습이다.

2023년 1월 60세가 되었다. 평생직장을 다닌 행운아였지만 세상으로 나오는 순간 당장 일정한 급여를 받는 것이 얼마나 축복된 자리에 있었는지를 실감하고 있다. 오는 11월까지 실업급여를 받게 된다. 이후에는 스스로 경제적 독립을 해야 한다. 정년 직후부터 글쓰기를 시작하였다. 전자책 쓰기를 통해 보름 만에 『감정 어휘 노하우』, 『핵심 가치』, 『왕초보 프롬프트 엔지니어 입문서』, 『분노 사용법』 등 4권을 크몽과 유페이퍼에 등록하였다. 노인들을 위한 동화 시리즈는 유페이퍼에 등록하였다. 첫 동화 『소금과 나무』는 3,500원에 판매하기로 하였다. 예스24와 알라딘에서도 『핵심 가치』와 『분노 사용법』이 독자를 만나고 있다. 어른들을 위한 동화시리즈가 유페이퍼에 등록되었다. 동화작가로 비전을 갖게 되었다.

2013년 장애인예술단의 공연을 아리랑 TV에서 촬영해 전 세계 80여 개국에 송출한 것을 계기로 만든 블로그를 10년 만에 깨웠다. 블로그가 책쓰기에 유용하다는 것을 실감하고 있다. 강사는 다른 사람을 변화시킬 수 있는 특별한 지위를 갖게 된다. 법정 장애인 인식개선 교육을 통해 다양성을 인정하는 회사가 인공지능 시대에 살아남는 미래 기업이 될 수 있다.

매년 비슷한 장애인 인식개선 교육으로 재미를 느끼지 못하는 사람들도 발달장애인 청년 연주자들의 연주를 듣고 감동한다. 장애 자녀를 양육한 어머니와 아버지들이 강사로 활동하게 되면서 장애 자녀를 예술 활동을 하는 직업예술가로 키운 사례는 좋은 본보기가 되었다.

인천국제공항공사에 신임 이학재 사장이 취임하면서 창의성을 강조하였다. 수천 명 규모의 자회사가 장애인을 고용하지 않아 내지 않은 부담금을 활용해 장애인예술단을 만들어 평생교육도 하고, 장애인들의 발표 기회를 만들 방안이 필요하다. 인천광역시 복지 당국에서도 적극적인 의사를 밝혔다. 한국장애인고용공단도 대기업 성격의 인천국제공항공사 자회사 중 아직 장애인고용문제를 해결하지 못한 보안 분야 등에서 대량 고용사례가 나올 수 있을 것으로 기대하고 있다.

꿈을 이룬 강사 조은연

조은연

지금 주방에서는 신랑이 저녁을 하고 있다. 바쁜 마누라를 위해서다. 하하 하하 하하. 세월이 사람을 바꾸는지 사람이 바뀌는지 신통방통하다. 지나고 보면 참 지금의 이 세월이 있으려고 내가 살고 있었다는 생각 해본다.

중학교 때까지의 장래희망은 늘 한결같이 선생님이었다. 경북 청송군 현동면 창양동 420번지. 고향을 떠나온 지가 40여 년이 되어 가건만 주소가 줄줄 나온다. 국민학교, 중학교 시절 농촌이었지만 공부도 상위권, 활동력도 앞서 나간 생활을 하였다. 그 당시에는 남학생이 회장 여학생은 부회장 못을 박아놓고 임원을 뽑았던 시대이다. 학급, 학교임원을 꾸준히 맡으며 방송부, 악대부, 합창부, 전교생 앞에서의 지휘 등등(아, 옛날이여). 하지만 인문계는 꿈도 못 꾸던 시절을 살았다. 즉 대학이란 말은 꺼내지도 못하던 시절이었다.

나의 의지가 아닌 엄마의 의지로 실업계 고등학교 대구제일여상에 입학. 낮에는 일하고 밤에 학업을 이어나가는 야간 고등학교를 다녔다. 1명만이 들어갈 수 있는 학교 안의 교무실 급사 일을 하는 행운을 얻게 되었다. 학비를 벌며 이어지는 학교생활 덕분에 여고시절의 추억이나 아련한 감정은 아쉽게도 나에게는 지금도 생겨나지 않는다. 그 당시 같이 학업을 한 3-4명의 친구만이 그때 여고를 다녔구나 하는 생각을 들게 해준다.

자연스러운 취업과 결혼은 평범한 생활이었고 행복했다고 느끼며 보물 같은 두 아이가 나에게 찾아오며 남들보다 조금 빠른 지위에서 살고 있었다. 뒤돌아보면 그 시절에도 내가 벌어 생활하고 있었다는 것을 너무 늦게 깨달았을 만큼 출산휴가 각각 한 달씩 쉬어보고 계속 생활전선에 있었다. 2001년 요식업 동업 제안, 그 당시 뷔페 사업이 흥행하고 최고조를 달리던 해였다. 4명의 동업 엄청난 규모의 뷔페사업. 상설뷔페, 예식, 돌잔치, 각종 행사, 출장뷔페 등 거의 뷔페 사업의 막바지에 뛰어들어서 사업을 시작하였다. 우리 애들 6살, 4살. 주말에 행사가 집중적으로 이루어지다 보니 애들을 친정 부모님한테 금요일에 맡겼다가 월요일에 데려오곤 하였다. 정직원만 30여 명, 주말에 예식 행사 아르바이트까지 합치면 어마한 인원이 투입되는 사업이었다.

밖에서 보면 '우와!' 할 정도의 규모, 하지만 동업이었고 자본금이 거의 없는 상태에서 대출금만으로 시작한 사업. 집 팔고 전세로 전세에서 월세로 1년에 한 번씩 이사 다니는 지경까지 다다랐다. 주말에 친정에 맡겨놓은 둘째가 4살쯤 되었을 때다.

"할머니 창문은 왜 안 깨질까?" 하면서 톡톡 치고 다니더니 드디어 일이 터지고 말았다.

쉬는 날 월요일 아침 전화가 왔다. 엄마였다. "야야 큰일 났다. 한로가 팔을 다쳤다." 대수롭지 않은 듯 자다가 "그럼 병원에 가야지?" 하고 답을 했다. 그러나 너무나 당황한 엄마 "병원이 어디에 있는지 모르겠다." 하시는 말씀. "큰일 났구나." 머리가 쭈뼛 서는 느낌. 씻지도 못하고 옷만 껴 입고 병원으로 갔다. 팔을 둥둥 감은 수건 피는 보이지 않았다. 어쩔 줄을 몰라 하시는 엄마!! 옆에 있는 약국으로 가서 우황청심환을 사서 드리고 괜찮을 거니까 걱정하지 말라고 하곤 진료실로 들어갔다.

너무 깊게 패인 팔, 왼쪽 안쪽 손목부터 팔꿈치까지 허연 속살이 그대로 드러나 보였고 수건을 푸니 그제야 피가 조금씩 보이기 시작했다. 너무 깊게 패이니 피도 놀래서 못 나왔던 것이었었다. 바로 들어간 봉합수술. 하느님, 부처님, 천지신명께서 보호하사 신경은 다치지 않았다. 속살 100바늘 바깥 피부 쪽 다시 100바늘 어려서 마취를 세게 못하고 시작한 수술. 엄마는 병실에서 수술실 앞에 못 오시게 하고 그 앞에서 기다리는 시간을 무어라 말로 표현하리.

수술이 끝날 즘 풀려버린 마취제. 어려서 다시 마취를 못하고 생살 그대로 꿰매는 시술이 이어졌다. 그 울음소리가 지금도 생생하다. 어떤 식으로 그때 일을 표현하리. 지금도 수술 자국이 선명히 있다. 지금 26살이 되었다. 그 사건 이후 두 보물이 잘 자라줬다. 너무나 감사하고 또 감사하다. 나도 신랑도 아이들도 누구의 탓도 하지 않고 잘 지냈다. "엄마가 왜, 엄마 때문에!"란 말은 한마디도 안 했다. 누가 있었어도 일어날 일이었던 것이다. 엄마랑은 그때도 지금도 사이가 좋다.

배운 게 도둑질이라고 동업을 하던 뷔페를 접고 건진 것 없이 개인으로 다시 뷔페를 차렸다. 규모는 많이 작았지만 그래도 대구시 남구청 산하 대덕문화전당에 입점을 하고 사업을 계속해 나갔다. 지인들 금융기관 동원할 곳에는 사돈의 팔촌까지 손을 벌려서 시작한 사업!! 잘될 리 없었다. 다시 2년 사이 그동안 차곡차곡 모인 빚이 모여 손쓸 수 없을 만큼 불어나 있었다.

일반 식당으로 다시 도전! 소머리 곰탕집으로 새 출발을 하였다. 새벽마다 고령으로 가서 소머리랑 내장을 구입 직접 손질하고 연탄불에 밤새 고아서 곰탕을 만들었다. 하지만 입점한 가게 앞에 아파트 재건축 시작으로 입주민이 50% 이상 빠져나가고 없는 상황이었고 계속 이사를 가고 있는 현실에 손님이 있을 리 만무하였다. 곤두박질을 쳐도 쳐도 계속 꼬꾸라지고 있었다. 주머니에 돈 한 푼 없는 상황이었다. 보증금은 계속 까먹고 있는 상황. 새벽에 우유배달, 신문배달도 했었다. 낮에는 장사하고.

지금 생각해 보니 그때 어찌 그리했냐고 그 당시 은연이한테 묻고 싶었다. 곰탕을 시작하고 얼마 안 되어서 친정아버지의 암 소식. 그나마 아버지 모셔서 좋아하시는 음식을 몇 번이나마 차려드린 것이 내가 할 수 있는 최선이었던 때이었다.

　다시 업종 변환. 돈 한 푼 없이 일수 100만 원을 빌렸다. 무작정 수원에 '참 좋은 이웃'이란 체인 업체를 찾아갔다. 사정을 설명하고 한번 살려달라고 납작 엎드렸다. 감사하게도 흔쾌히 승낙을 해주셨다. 직원들이 모든 음식을 다해서 사업을 했던 터라 그 당시 김치도 못 담가 먹었던 나였다. 배달음식은 지금의 밀키트 반조리 상태의 음식을 받아서 배달하는 것이었다. 장사는 너무 잘 되었다. 처음이었고 너무나 절실했기에 가게 한편에 세간살이 하나도 없이 네 식구 살면서 전화 오면 새벽이고 밤이고 배달을 다녔다. 하지만 전화의 60%가 빚독촉. 일수는 하루하루 늘어나고 그 와중에 메뉴는 계속 늘어나고 얼음그릇 냉면까지 시작하기도 했다. 시작하자마자 비는 얼마나 오는지. 배달하기 싫다는 신랑과 계속 부딪히면서 하루하루 버티고 있었다.

　그 무더위에 애들 500원짜리 아이스크림 하나 못 사주면서 버틴 2년이었다. 학교 갔다가 돌아와서 얼음그릇 만드는 작업 다 해주고 설거지 해주고 우리는 왜 이리 사냐고 원망 한마디 하지 않은 아이들이 그 당시에는 고마운 줄도 모르고 살았던 것 같다. 나중에 알고 봤더니 큰딸이 6학년 때 부모님이 없으면 지금 있는 빚은 어떻게 되는지 혼자 고민도 많이 하고 이리저리 알아본 것을 나중에야 나에게 말을 해주었다. "어머니, 상속포기각서를 작성하면 괜찮다고 했어." 한 대 꽝 맞은 심정이었다. 그래, 재산을 물려주지 못해도 빚은 물려주지 말아야지 하는 다짐을 새롭게 하는 계기도 되었었다. 병원에 병문안을 가면 오늘 얼마나 팔았냐? 배달은 얼마나 했냐? 늘 안쓰러워하시던 아버지! 엄마 품에 안겨 돌아가시고 쭉 이어진 생활.

37세란 나이에 시작된 빚과의 전쟁. 돌이켜보니 기억을 하지 말고 잊자 잊자 하고 살아온 세월이다. 하루하루 최선을 다했다는 말이 미안할 정도로 전투를 벌였던 시간들이었다.

2020년 2월 코로나19가 오면서 갑자기 접게 된 식당. 나의 삶을 완전히 새로운 삶으로의 인도한 것이었다. 그동안 고생했다고 보상으로 받은 벤츠 차량 후훗. 노고를 인정해 주고 지금은 주방에 들어가지도 못하게 하는 신랑과 자식들이다. 어째 이런 복이 나에게로 왔을까 감사하고 또 감사하다. 늦게 들어간 전문대학, 생애 처음으로 오롯이 나만을 위한 취미활동으로 문화센터에서 요가와 장구를 배우면서 강사의 세계를 알았고 지금의 이연주 선생님께서 나를 그 세계로 깊숙이 이끌어 걷게 해주셨다.

차곡차곡 자격증을 따고 학교생활을 해 나가면서 또다시 알게 된 〈국민강사교육협회〉, 밤낮으로 내가 하는 일에는 간섭 하나 하지 않으며 지지해 주는 식구들…. 예전에 '전생에 나라를 얼마나 팔아먹었을까.'의 삶이 지금은 '전생에 나라를 얼마나 구했을까.'로 바뀐 삶을 살고 있다.

강사로서의 첫 수업!!! 강사로서 머리 올렸다고 파티를 하던 그날은 잊지를 못하고 있다.

꿈은 이루어진다. 초등학교 때의 꿈을 50대 중반에 이루어 살고 있는

나는 조은연 강사이다.

2부

강진희   권미숙   김경우   박심연   유미인

힘들 때마다
다시 일어선다

이서윤   정순옥   정종관   정창교   조은연

왜 나에게 이런 일이

강진희

한없이 멋있어 보이고 매력적으로 보이는 강사라는 직업도, 때로는 울고 싶어지는 순간들이 있다. 넘어지고 깨지더라도 아무 일 없는 것처럼 오뚝이처럼 일어서야 하는 법을 배운다. 그 안에서 또 다른 시련을 맞닥뜨리기도 한다. 어떤 일이든지 고통이 있기 마련이다.

2018년 우연한 기회에 강사라는 길에 접어들었을 때 첫 번째 일이 '흡연 예방 교육' 부스 운영이었다. 보건소에서 진행하는 체험 부스였다. 무엇인가를 열심히 나르고 설치하는 일을 했다. 내가 이거 하려고 그동안 열심히 공부했나 하는 마음이 들기도 했다. 그렇게 오전을 보내고 나니 녹초가 되었다. 이날이 내가 기억하는 첫 강의 현장이었다. 힘들고 짜증 나는 하루라고 생각했다. 그래도 시간은 흘러갔다.

2018년 〈녹색어머니연합회〉 활동으로 교통안전 캠페인을 하면서 소중한 인연을 만났다. 경북 북부 7개 도시 어린이 교통안전 수업을 의뢰받게 되었다. 명단을 받아든 순간 어깨 힘이 모두 빠졌다. 명단 대부분이 오지 마을 수업이었다. 유치원을 비롯하여 초등학교, 중학교 모두 한 번도 들어보지 못한 학교 이름이었다. 안동에서 가기에는 거리상으로도 너무 멀었다. 적은 수업비에 잠시 고민했다. 내가 안 가면 그 친구들은 안전에 대해서는 방치될 수밖에 없겠다는 생각이 들었다. 제약이 많았지만, 한 번 힘을 내 보기로 했다. 왕복 3시간의 거리지만, 아이들은 만나러 가는 시간은 오롯이 나를 위한 시간이었다. 내 입만 바라보는 친구들을 보면서 잠시나마 고민했던 나 자신을 자책하기도 했다.

하늘이 나의 마음을 알아준 걸까. 해마다 인연을 맺었던 선생님들께서 따로 연락을 주기도 한다. 그럴 때마다 최대한 시간을 내보려고 노력한다. 어쩔 수 없는 시간에는 다음 시간을 기약하기도 한다. 한없이 나약해지고 힘이 들어 포기하고 싶을 때, 날 기다려주는 누군가가 있다는 생각에 힘을 내고 다시 기운을 차린다.

어르신들을 대상으로 수업할 때의 일이다. 경로당 수업이었다. 비가 억수같이 내리던 어느 날, 경로당 회장님께 그쪽 사정을 물어보았다. 1회차 수업이었기에 마음을 가다듬고 수업하러 갔었다. 힘들게 갔는데 겨우 두 명만 있었다. 그래도 어쩌겠는가. 스마트폰 수업이었다. 여러 가지 기능을 설명하는데 어르신 한 명이 자꾸 나에게 다가오신다. 손도 만졌다가 다리도 만졌다가. 싫은 내색을 할 수 없었다. 이걸 참고 수업해야 하나, 기분 나쁘지 않게 말씀드려야 하나. 머릿속이 자꾸 복잡해졌다. 그냥 참기로 했다. 그렇게 2시간이 흐르고 수업을 겨우 마쳤다. 오면서 한없이 울었다.

　나에게 있어서 가장 큰 시련은 2022년 11월 어느 날로 거슬러 올라간다. 그날은 오전에 여중 원예 수업이 있던 날이었다. 며칠째 컨디션이 안 좋았다. 잘 참는 편이라 병원에 갈 생각을 안 했다. 원예 수업을 마치고 강사님 한 명과 함께 봉화에 있는 경로당 안전 수업을 하러 갔다. 내가 운전하지 않아서 크게 힘들지는 않았다. 1시간여 후에 도착했다. 강의 준비 하는데, 컨디션이 계속 나빠졌다. 노트북과 빔을 설치하고 수업을 이어가는데 상태가 심상치 않았다. 노트북까지 말썽을 부렸다. 잘되던 PPT였는데 동영상에 오류가 생겼다. 결국 30분 만에 수업을 종료했다. 남은 수업을 지부장님께 넘기고 조용히 차로 나왔다. 몸에 열이 자꾸 오른다. 혹시나 코로나에 걸린 게 아닌가 했다. 가방에 있던 시약으로 열심히 코를 쑤셔보지만 음성이다. 물론 수업은 마스크를 끼고 했지만, 어르신들께 피해를 줄까 봐 걱정했다.

　우리나라 어르신들이 강사님들을 그냥 보내지 않는다. 그날도 수업을 마치고 여러 가지 과일을 깎아 주셨다. 억지로 사과 두 조각을 먹었다. 이것이 화근이었을까? 안동으로 오는 내내 속이 안 좋았다. 결국 차를 세워두고 속을 비운 뒤에야 다시 출발할 수 있었다. 점심 먹은 식당에 내차를 가지러 왔다. 평소라면 우리 집까지 10분 정도 걸리는 거리다. 40여 분 만에 도착했던 기억이 난다.

　도착하자마자 현관에 그대로 쓰러졌다. 그날은 고등학교 2학년　아들이 기말고사 시험을 보고 집에 오는 날이었다. 쓰러져 있던 날 보고 놀라서 나를 깨운 모양이었다. 옷도 갈아입지 못한 채 그대로 쓰러져 잤나 보다. 다음 날 아침에 눈을 떠 보니 아들은 택시를 타고 학교에 간듯했다. 학교에 잘 도착했다는 메시지를 보니 아들에게 미안했다.

정신을 차리고 후배가 근무하는 병원으로 갔다. 열이 40℃ 넘는다고 코로나와 독감 검사를 함께 진행했다. 결과가 나올 때까지 아무것도 하지 못한 채 2시간 동안 병원에서 기다렸다. 결과는 모두 음성. 병원에서도 이유를 모르겠다고 하면서 일단 해열제 넣은 링거를 처방해주었다. 그걸 맞고는 감쪽같이 열이 떨어졌다. 덕분에 집으로 걸어오는 발걸음이 한결 가벼웠다. 저녁이 되자 다시 열이 오르기 시작했다. 편두통까지 말썽을 부렸다. 주말부부인 남편이 퇴근하고 집에 왔다. 사태의 심각성을 알고는 다음 날 바로 안동병원으로 향했다. 입원 결정. 처음으로 하는 입원이었다. 겁부터 났지만 일단 열과 편두통을 없애야 했다. 피검사 결과, 생각보다 사태가 심각해졌다. 간 염증 수치가 일반사람보다 300배가 넘었다. 마음이 심란해졌다. 집에 혼자 두고 온 아들도 걱정이고, 여러 가지 상황이 머리를 스쳐 지나간다. 3박 4일간의 입원에도 열이 좀처럼 떨어지지 않아서 대학병원으로 옮기기로 했다.

평일 오후 5시가 넘은 상황이라 응급실로 가기로 했다. 코로나 상황으로 응급실 상황이 안 좋았다. 더 지체할 수 없다는 판단하에 무작정 대구로 향했다. 응급실에 와보니 여기도 아수라장이다. 그래도 차례대로 순번을 기다리면서 검사를 진행했다. 결과가 나오기까지 응급실에서 3일을 보냈다. 갑자기 격리실로 보내졌다. 혼자 있는 격리실이 걱정스러웠지만, 집에 있는 거보다 병원이 안전하겠다는 생각이 들었다. 결과는 처참했다. 처음 듣는 질병 이름에 망연자실했다. 희귀성 난치질환이라는 질병코드를 받고서는 아무 말도 할 수 없었다. 왜 나에게 이런 일이 왔을까. 며칠째 잠을 설쳤다.

골수검사를 제안했다. '혹시 오진이지 않을까?' 하는 마음에 요청했지만, 결과는 똑같았다. 이름도 길고 생소했던 질병 이름이다. 인터넷에 종일 검색했다. 2022년 겨울을 그렇게 병원에서 보내게 되었다. 2023년 새해도 병원에서 맞이하게 되었다. 기분이 이상했다. 같은 병동 병실에 있었던 분들에 비하면, 내 상태는 그리 나쁘지 않았다. 회진을 돌던 교수님이 남편을 호출했다. 무슨 일인지 궁금했지만, 남편이 오기만을 기다렸다. 이게 무슨 일일까. 항암치료를 열 번을 해야 한단다. 다시 머릿속이 복잡해졌다. 교수님께 또 물었다. 항암치료 시작하면 머리카락은 전부 빠지는지. 대답은 한결같았다. 첫 치료에 머리카락이 모두 빠진다는 말씀에 또 한 번 망연자실했다.

정리하고 와야 하는 일들이 좀 있으니 시간을 달라고 말씀드렸다. 하지만 교수님께서는 단호하셨다. 우리 의사와 상관없이 그 병원을 강제퇴원을 할 수밖에 없었다. 강사 인생에 내 병이 걸림돌이 된다고 생각하니 화를 참을 수 없었다. 내 입장을 전혀 몰라주는 교수님이 미웠지만,

어떻게 보면 교수님을 이해할 수도 있었다. 사실 교수님은 환자의 생명이 더 중요했을 거다. 작년 11월에 예약해둔 아산병원으로 다시 한번 검진을 가는 것으로 결정했다. 대학병원에서 검사했고 치료받았던 모든 차트를 들고 무거운 발걸음으로 아산병원으로 향했다. 결과는 똑같았다. 하지만 희망이 생겼다. 지금 당장 항암치료 하지 말고, 1년 정도 경과를 보자고 말씀하신다. 손 들고 환호라도 지르고 싶었다. 내 강사 인생에 새로운 희망이 생길지도 모른다는 기대감이 생겼다. 물론 시한폭탄을 지금도 내 몸속에 지니고 있지만, 스스로 잘 다스려 보려고 한다. 가족같이 내 일처럼 생각해주시고 염려해주시는 동료 강사님들께 꼭 감사 인사하고 싶다.

이 또한 지나간다고 하지 않았던가. 나도 이미 일어난 내 병을 원망하기보다, 나와 함께 더불어 살아가는 동반자로 여기기로 했다. 미래에 웃으면서 이야기할 날 기다려본다. 지금도 병원 다니는 일이 쉽지 않다. 이것 역시 내 강사 인생에 하나의 스토리가 되어줄 거라 믿고 있다.

지금이 기회야!

권미숙

이직 후 학우들과 함께하는 학교생활로 충만함을 채울 수 있었다. 각자의 위치에서 최선을 다하는 늦깎이 학우들과의 생활은 너무나 즐거웠다. 의견 차이로 충돌 직전까지 가기도 했던 아슬아슬함마저 이제는 너무나 소중한 추억이 되었다. 인생 기록부에 쓰인 학우들의 인연도 마찬가지다. 또한, 강사로서 펼쳐진 무대에 등장한 인연들 역시 하나하나가 귀하다. 이들과의 긍정적인 관계를 유지할 수 있는 방법은 단순히 앵무새처럼 지식을 나열하는 것이 아니다. 강사는 새로운 정보를 공유하고 공감을 만들어 내는 것이다. 더 나은 결과를 유도하고 성장을 돕는 것이 강사의 역할이다. 역할을 다하기 위해서는 변화하는 시대에 발 빠르게 대응하고 적응해가는 것이다. 역할을 잘 수행하기 위해 발길이 닿는 곳에서 최선을 다하는 것이 강사의 책임이라고 생각한다. 책임을 다하는 열정은 누군가에게 힘이 되고 위로가 될 수 있다는 생각으로 즐거움과 의미를 찾아가는 강사라는 목표를 향해 한 걸음씩 나아가고 있었다.

학교를 졸업하면 강의할 기회가 많아질 것이라고 예상했다. 그런데 바람과는 다르게 흘러갔다. 모든 것이 계획대로 된다면 좋겠지만, 삶은 그렇게 호락호락하지 않았다.

졸업 후 강사라는 직업으로 살 기회는 좀처럼 오지 않았다. 학교를 막 졸업한 어설픈 강사, 경험이 부족한 강사를 어느 기관에서 원하겠는가? 만약 내가 사용자라도 쉽사리 강사로 채용하지 못했을 것이다. 학교생활에서는 열정으로 가득했다. 하지만 현실을 맞닥뜨리니 의기소침해졌다. 생각했던 것보다 적은 강사료에 가장으로서 경제적인 부분도 고려하지 않을 수 없었다. 내가 하고 싶은 일이지만 이대로 해야 하는지 고민하게 되었다. 그러나 고민은 그다지 오래가지 않았다. 왜냐하면, 내가 하고 싶은 일이 무엇인지에 대한 답을 알았기 때문이었다.

어떻게 이 상황을 극복할까? 우선 경험이 부족한 강사라는 딱지를 벗기로 했다. 그냥 경험은 가만히 있는다고 쌓이는 것은 아니다. 그래서 〈대전평생교육진흥원〉의 문을 두드렸다. 그곳에서는 수많은 철수, 영희가 강사가 되기 위한 꿈을 꾸고 있다는 것을 알게 되었다. 나이의 구분도 성별에 대한 구별도 없었다. 그동안 나는 우물 안 개구리였다. 듣도 보도 못한 강좌들과 날마다 주차하기 위해 전쟁을 치러야만 하는 상황이 놀라웠다. 〈대전평생교육진흥원〉에서 부지런히 강사로서의 역량을 강화했다. 그리고 경로당, 주간보호 센터에서 치매예방, 인지활동 놀이를 지도 하는 봉사가 시작되었다. 봉사를 하면서 20여 년간 체화된 직장인으로서의 몸짓과 유연하지 못한 사고력을 가지고 있다는 것을 알게 되었다. 강사로서 부족한 부분을 채우기 위해 〈대전평생교육진흥원〉을 내 집처럼 드나들었다.

열정이 넘쳤던 순간의 에피소드를 하나 소개한다.

어느 날이었다. 여느 때와 마찬가지로 〈대전평생교육진흥원〉을 찾았다. 바쁜 일정을 마치고 야간수업에 참여하기 위함이다. 일찍 도착해서 동그란 원형으로 의자들을 배열하였다. 그리고 의자에 앉아 있던 순간 옆에 있던 짝꿍이 말했다. "쌤, 신발이~." 아뿔싸, 신발이 짝짝이였다. 전혀 다른 신발임에도 불구하고 바뀐지도 모른 채 수업에 늦지 않기 위해 정신없이 달려왔다. 온전히 그것에 몰두하고 있었고 그날을 열정이라고 이름 지었다. 또한, 신발을 기념사진으로 찍어 남겨놓으며 열정과 정신 차리기로 기억했다. 가끔 이 순간을 떠올릴 때가 있는데 강사 생활을 하면서 소진되는 시점이다.

이 이야기는 강사로서 첫발을 디딘 후 처음으로 느껴본 위기였다. 선택의 기로에서 무엇을 하고 싶은가에 대한 대답은 강사로서의 사명이었다. 그리고 위기는 부족함을 채울 기회가 되었다. 그 시기에 몰두해서 따낸 자격증과 역량은 새로운 기회를 얻을 준비를 하고 있었다. 열정으로 가득했던 하루하루는 버려지지 않고 차곡차곡 쌓여가고 있었다.

세계적인 대유행으로 코로나가 왔다. 코로나바이러스 감염증 (COVID-19)은 2019년 12월 중국 우한에서 처음 발생하여 전 세계로 확산되었다. 이제 막 본격적인 강사활동을 하려던 순간에 제동이 걸렸다.

모든 수업이 중단되고 두 번째 위기 상황에 도래했다. 그 당시 일부 산업군에서는 이직률이 상승한 것으로 알려져 있다. 특히, 호텔, 외식업, 여행업 등의 서비스 산업과 관련된 직종에서 이직률이 높아졌으며 경제적 어려움과 산업의 위기 상황이었다. 프리랜서인 강사 역시 예외는 아니었다. 옴짝달싹할 수 없는 상황이 이어지고 친분이 있던 강사들이 하나둘 다른 직장을 찾아 떠나갔다. 그 상황에서 흔들림이 없었다는 것은 거짓말이다. 다시금 나에게 질문하였다. 내가 정말 하고 싶은 것은 무엇이지? 정답은 변함이 없었다. 스스로 다짐했다. 지금이 기회야, 그동안 익혔던 것들을 정리해 보자.

코로나로 인해 모든 것이 멈춘 것 같았지만 사실은 기회가 오고 있었다. 코로나가 막 시작될 무렵 지인의 소개로 노인 일자리 어르신들을 위한 건강강좌를 진행한 적이 있었다. 그동안 배우고 익힌 것들을 총동원해서 어르신들과 함께 한 건강강좌는 매일 들어도 좋겠다는 호평을 받은적이 있다. 그런데 그곳에서 연락이 왔다. D시니어 클럽에서 강의할 기회가 주어졌다. 법정의무교육을 진행할 강사가 코로나에 걸렸기 때문이었다. 담당자의 전화를 받고 낯선 영역이었지만 무조건 하겠다고 했다. 직장 내 성희롱 예방교육과 직장 내 장애인 인식개선 교육이었다. 생소한 분야라 자료를 준비하면서 모르는 부분은 이해가 될 때까지 찾아보았다. 그러면서 자연스레 전체적인 내용을 숙지했다. 지금 생각해도 신통방통하다. 마무리 시간도 정확하게 하고 싶은 이야기를 잘 전달할 수 있었다. 그 이후로 강의 요청은 이어졌고 코로나를 겪으면서 한 뼘 더 성장하게 되었다.

위기였던 코로나는 또 하나의 선물을 주었다. 인터넷 공간에서 ZOOM을 통하여 다양한 강의 분야를 알게 되었고 활성화된 공간에서 나누는 것들은 많아졌다. 비대면으로 거짓 같던 공간이 대면하는 현실이 되었고 현재도 진행형이다. ZOOM을 통하여 만난 〈국민강사교육협회〉는 1주년을 훨씬 넘긴 지금도 1주일에 평균 2회는 만나니 사실은 가족보다도 더 친근하다. 이곳에서 꿈을 가진 강사들이 자라고 있다.

두 번째도 위기라는 형태로 코로나가 다가왔지만 결코 위기는 아니었다. 오히려 급박했던 현실을 되돌아보고 정리하며 기회를 기다리는 쉼과 같았다. 충전하여 한 계단 오를 수 있는 시간이 되었다. 그리고 강사라는 역할을 잘 수행하기 위해 꾸준히 준비했다. 나중에 쓸모가 있을까 생각하기도 했다. 시간이 흐른 후에 생각해 보니, 그것은 정말 쓸모가 있었다. 미래를 향한 준비는 언제나 정직한 보상으로 선물이 되어 돌아왔다.

흑인 인권 운동가이자 여성, 페미니스트, 양성애자로 성 소수자 인권 운동을 벌였던 안젤라 데이비스(Angela Davis)는 "벽을 밀면 문이 되고 눕히면 다리가 된다."라고 말했다. 자신을 겹겹이 가로막고 있는 현실의 벽과 온몸으로 부딪혀 싸운 그녀가 한 가장 유명한 말이다. 성폭력 강사 양성과정에서 한 교수님은 이렇게 질문을 하였다. 당신은 지금 벽 아래에 있는가? 벽 아래에 있는 사람은 체념하여 이미 모든 것을 포기한, 준비가 되지 않은 사람이다. 당신은 벽을 밀고 눕히는 사람인가? 준비하여 앞으로 나가는 사람인가? 선택은 여러분에게 달렸다.

나를 일으켜 세우는 공감

김경우

강사라는 직업은 앞에서 보면 한없이 매력적으로 보인다. 전문가답게 강의하는 모습 때문인지 보이는 것과 같이 화려하다. 화려한 모습 못지 않게 보이지 않는 뒷모습엔 그늘이 있다. 그늘이 클수록 매 순간 좌절의 연속이다.

첫 번째 시련은 강사 활동을 하는 중 얼마 지나지 않아 찾아왔다. 교육 관련한 얕은 지식이 발목을 잡았다. 처음에는 초등학교 교육이 많았다. 3개월 지날 때쯤 고등학교 교육이 들어왔다. 그것도 고등학교 경제동아리 학생들이었다. 눈앞이 캄캄했다. 고등학생들 교육이다 보니 좀 더 신경 써서 경제 관련 자료들을 많이 준비했다. 학생들에게 교육하고 나서 항상 설문지를 받는다. 설문지 결과를 받아든 순간 얼굴에 열이 올랐다. 절망이란 단어, 그 이상도 이하도 아니었다. '내용이 시시해 시간이 아깝다.', '내가 뭘 배웠는지 모르겠다.', '다음부터는 안 받고 싶다.' 등등 교육 후 받는 설문지들이 고춧가루만큼이나 매웠다. 결론은 실력이 문제였다.

어떻게 하면 실력이 늘까 고민이 많았다. 우선 시간이 날 때마다 교육에 관련한 자료들과 동영상들을 찾고 또 찾아 공부했다. 주말이면 서울과 인천을 다니면서 관련한 교육은 직접 찾아가서 배웠다. 그러나 교육에 대한 갈증은 해갈이 되지 않았다. 교육의 목마름은 계속되었다. 결국 찾은 답은 대학교였다. 경제 관련한 대학교에 입학하게 되었다. 늦깎이 대학생이 되어 공부하니 쉽지 않았다. 실력이 쌓이는 건 거북이걸음만큼이나 느렸지만, 어느덧 졸업까지 하게 되었다. 관련한 공부도 하고 마음의 안정을 찾으니 자존감이 올라갔다. 누가 그런 말을 했다. '포기하지만 않으면 성공한다.' 이 말은 나를 두고 한 말이란 생각이 들었다.

한 고개 넘으면 또 한 고개라더니. 두 번째 고비가 나를 기다리고 있었다. 금손이라는 말을 사람들은 좋아한다. 뭐든지 그 사람 손에만 가면 좋아진다. 그러나 내 손은 똥손이다. 아니 마이너스 손이다. 내 손에만 닿으면 다 변한다. 잘됐던 기계들이 작동이 멈춘다. 아니 고장이 난다. 속상하다. 교육을 가기 위해 활동지들을 복사하다 보면 왜 그렇게 프린터기에 종이가 끼어 멈추는지. 기계치라 프린터기에 낀 종이를 빼지도 못하고 안절부절못하고 있다. 그럴 때면 어디선가 누군가에 무슨 일이 생기면 바로 나타나는 사람이 있다. 바로 둘째 아들이 달려와 해결해 준다. 제 아빠를 닮아 꼼꼼하고 기계의 만능이다. 프린터기에 종이가 끼는 사건, 이 정도는 애교에 속한다. 한번은 잉크를 아낀다고 컬러 아닌 흑백으로 오랫동안 계속 복사했더니만 결국 사달이 났다. 잉크가 노즐을 막아 복사기가 작동이 멈춘 것이다. 이때도 둘째 아들이 자기 하던 일을 제쳐 두고 달려와 고쳐보려 애썼다. 그러나 프린터기는 살아날 줄 몰랐다. 잉크를 너무 안 써서 막힌 것이다. 결국 AS를 받기로 했다. 서비스센터에 가서 진단한 결과 배보다 배꼽이 더 컸다. 고치는 비용이 더 들었다. '아끼면 똥 된다'는 말이 이럴 때 쓰는 말인 듯하다. 그렇게 정든 프린터기를 보내고 다시 장만해야 했다.

어려울 때마다 해결사였던 둘째 아들이 나라의 부름을 받았다. 청천벽력과도 같은 사건이었다. 아들 따라 군대 근처로 옮길까? 아니면 아빠 찬스 써서 아빠를 보내야 하나도 생각했다. 군대 경력자로 말이다. 그러자 둘째 아들이 하는 말이 아빠는 안 된단다. 나이 제한에 걸린다나 뭐라나. 결국 아들은 나를 두고 군대에 갔다. 한동안 너무 슬펐다. 요즘도 가끔 복사할 때 종이가 끼어 힘들다. 그럴 때마다 '이가 없으면 잇몸으로 산다'는 말이 있듯이 지금은 남편이 도움을 준다. 하늘이 무너져도 솟아날 구멍이 있나 보다. 강사 활동하면서 나를 도와주는 가족들이 있어 든든하다.

세 번째 어려움은 학교 수업 중에 일어났다. 학교에서 학생들을 교육하면서 어려움이 찾아왔다. 쉬는 시간이 끝나고 수업 종이 울렸는데 교실에 늦게 들어오거나 자는 학생들이다. 게다가 수업 시작 후 얼마 안 있어 화장실에 가고 싶다고 손은 드는 학생들도 있다. 이런 일이 스트레스로 다가왔다. 머리를 빠르게 굴렸다. 다른 사람을 바꾸려 하지 말고 내가 바뀌면 된다는 말이 생각났다. 세 아들을 둔 경험을 살려 아이들에게 다가가 보려고 마음을 바꿨다.

지금은 어엿한 대학생이 되어 있는 첫째아들이 있다. 아들의 고등학생 때 일이 떠올랐다. 첫째아들은 집에서 좀 먼 거리에 있는 고등학교에 다녔다. 유난히 친구들이 많았고 오지랖도 많았다. 학교폭력위원회 학부모로 활동하고 있던 내게 학교에서 한 통의 편지가 왔다. 선도위원회가 열리니 학교에 와 달란다. 사안은 아들이 학교에서 담배를 피워 걸렸다는 것이다. 창피함이 확 밀려오며 선도위원회에 가고 싶지 않았다. 학교폭력위원회 활동하면서 선생님도 학부모회장도 아는 얼굴이기 때문이다. 그렇게 며칠이 지나 선도위원회가 열리는 날이 되었다. 시간이 다가올수록 갈등이 생겼다. 고민하는 사이 정신을 차려보니 나의 발걸음은 어느새 학교를 향하고 있었다. 아직 생각주머니가 영글지 않아 친구들과 잘못된 일을 한 아들을 위해 엄마로서 해야 할 일이 있을 것 같았다. 맨 앞자리에서 학생들 한 명 한 명 일어나서 자신들의 잘못을 시인하며 앉기를 반복하고 있었다. 마지막으로 선생님께서 학부모들에게 "할 말이 있으면 하라."라고 했다. 어떤 학부모도 답을 하지 않았다. 여기에 왜 왔지? 지금 이러고 있으면 안 될 것 같은 생각에 용기를 내 손을 번쩍 들었다. 천천히 입을 열었다. "엄연히 학교에는 학생들이 지켜야 할 규칙이 있습니다. 학생들이 학교의 규칙을 어긴 것은 정말 잘못한 것입니다. 학교에서 내리는 처분 달게 받겠습니다. 그리고 학생들이 잘못된 행동을 한 데에는 가정에서 부모의 잘못도 큽니다. 가정에서 잘 지도할 테니 선처 부탁드립니다." 하며 앉았다. 선도위원회가 끝나고 뒤도 안 돌아보고 부리나케 학교를 빠져나왔다. 저녁에 집에 온 아들은 죄송하고 감사하다고 말했다. 다시는 학교에서 담배를 피우지 않겠다는 말과 함께 엄마가 그렇게 얘기해줘서 친구들까지 교내봉사 시간이 줄었다고 했다. 지금까지도 아들은 약속을 잘 지키고 있다. 정말로 절대 학교에서만은 담배를 안 피운다. 밖에서만 피고 있다. 오늘도 난 아들을 믿는다. 언젠간 건강을 위해서 끊을 거라는 것을.

이런 경험을 가지고 학생들을 바라보니 지금은 마냥 학생들이 예쁘다. 힘들어하는 학생을 보면 안쓰럽다. 강사지만 엄마 맘처럼 안타까운 생각과 함께 도움을 줄 게 뭐가 있을까 하는 생각이 먼저 든다. 그러다 보니 이제는 수업 종이 울렸을 때 늦게 들어오는 학생들이 이해된다. 그래, 수업 종이 울리는 걸 모를 정도로 친구가 제일 좋은 때지. 그래도 들어와 줘서 고맙다고 말한다. 그러면 "맞아요."라는 대답이 돌아온다. 책상에 엎드려 자는 학생들에게도 말해준다. "공부도 해야지, 친구들과도 놀아야지, 게임도 해야지, 얼마나 바빠, 그러니 당연히 피곤하지. 우리 아들 보니까 하루 10시간씩 게임하더라." 그렇게 공감해 준다. 그러면 슬며시 일어난다. 마지막으로 수업 시작 후 화장실에 가고 싶어 하는 몇몇 학생에게는 "쉬는 시간에 뭐했니?"라고 말하기보다 "빨리 다녀와야 해, 다른 학생도 가야 하니까. 학생이 늦게 들어오면 화장실이 급한 다른 학생들은 조금씩 싸서 말려야 될 수도 있다. 그런 어마어마한 뒷일은 책임 못진다."라는 한마디와 함께 한 명씩 화장실을 보낸다. 그러면 화장실만 후딱 다녀온다. 이런 학생들이 그저 사랑스럽다. 교육이 끝날 때 마무리로 학생들에게 외부 강사의 장점을 꼭 이야기해 준다. 학교 공부만도 바쁜 학생들이란 거 안다. 학교에서 경험하지 못하는 것을 외부 강사 교육 시간에 많은 경험을 해 보라고. 경험은 큰 자산이 된다고.

앞으로도 강사 생활하면서 수많은 고개가 허리춤에 손을 얹고 기다리고 있을 것이다. 그때마다 넘어지고 또 넘어질 것이다. 넘어지면 잘 일어나면 된다. 잘 일어나기 위해 잘 넘어지는 연습이 필요하다. 정상에 오를 땐 포기하지 않고 묵묵히 오르면 되는 것이다. 이때 지름길로 가면 빨리 갈 것이다. 길은 지름길만 있는 게 아니라 돌아가는 길도 있다. 돌아가다 보면 지름길에서 겪어보지 못한 또 다른 경험도 할 것이다.

닫힌 문은 열 수 있는 기회다

박심연

설렘을 주는 강사, 꿈을 키우는 강사가 되겠다며 박차고 나온 직장 밖의 세상은 나를 기다리고 있지 않았다. 변화하겠다며 무작정 퇴직을 선택했지만 나를 기다리고 있는 곳은 어디에도 없었다. 강사는 강의할 곳이 있어야 한다. 하지만 어떤 강의를 할지 결정되어 있지 않았다. 어떻게 후배들을 꿈꾸게 할 수 있을지 생각했다. 일단 공부해야 했다. 자격증도 필요했다. 강의에 도움이 된다면 뭐든 해볼 기세였다. 인터넷에서 정보를 뒤적이던 중 김포시에서 주관하는 김용궁 교수의 〈꿈과 비전 설계 코칭/멘토링〉 강의 교육생 모집공고를 보게 되었다. 나에게 필요한 강의라 생각하고 수강하기로 했다. 3개월 동안 한 회차도 빠지지 않고 들었다. 과제수행도 충실히 했다. 수료를 마치고 한 달쯤 후에 교수님은 군 전역자의 경호업무 취업역량 강화를 위한 강의가 있다고 하였다. 마침 보조강사가 필요하다는 단톡방 공지를 보았다. 무보수 봉사였다. 내겐 강의경험이 필요했다. 무보수지만 경험을 위해 주저하지 않고 참여 의사로 손을 들었다. 하지만 군대를 가보지 않은 나는 그들에 대한 지식이 없었다. 경호에 대한 지식 또한 전무 했다. 실질적으로 자격요건이 맞지 않았다. 아쉽지만 이번 강의의 보조강사로는 적임자가 아니라는 답변을 듣게 되었다. 나의 전직이 강사였으나 보조강사도 할 수 없는 지금의 상황이 실망스러웠다. 직장 내에서 회사의 직무와 관련한 강의만 했던 나에게는 한계가 있다는 걸 깨달았다. 경험을 쌓겠다는 욕심이 너무 앞선 것이다. 하나씩 나의 역량을 키워야만 한다. 호수에서 물고기를 잡던 어부가 큰 바다에 나가 어부가 되겠다고 도전하는 격이었다. 수많은 어종을 파악하지도 않았고 넓은 바다에서 어떤 물고기를 잡는 어부가 되겠다는 구체적 계획도 없었다. 바다의 거센 풍랑도 예상하지도 못했다.

성장하기 위해 차근차근 준비가 필요했다. 퇴직 후 나의 인생 2막 설계를 상담해 주었던 상담사는 나의 가능성을 지지해 주었다. 회사 내 조직을 운영하고 강의하던 경력을 바탕으로 자격증만 갖춘다면 분명히 성공할 수 있다며 응원을 아끼지 않았다. 어떤 강의를 하든 다양한 정보와 다양한 직업 세계를 이해해야 했다. 직업상담사 자격증을 취득해야겠다고 생각했다. 긴 겨울 나의 생활은 하나의 목표를 향했다. 학창 시절을 생각하며 책가방을 메고 학원과 도서관을 오고 갔다. 6개월간 강의를 들으며 도서관을 찾아 책과 씨름하였다. 벚꽃이 흩날리는 봄날의 감상은 나에게는 사치였다. 벚꽃엔딩 후 한더위가 시작되던 초여름 드디어 직업상담사 자격시험에 합격했다. 하지만 강의에 대한 미련을 버리지 못한 나의 간절한 마음을 알아챘던 것일까. 어느 날 나의 상담사에게서 전화 한 통이 걸려 왔다. 강사를 양성해 주는 협회가 있다고 했다. 〈국민강사교육협회〉 김규인 대표를 소개해 주었다. 강의 영역을 넓혀보자는 생각으로 가장 수요가 많다는 법정의무교육 전문 강사 과정을 지원하였다. 4주간의 교육과 강의 시연을 마치고 〈국민강사교육협회의〉의 전임강사가 되었다.

그 인연으로 양주에 있는 S대학에서 6개월 계약으로 취업 강의를 시작하게 되었다. 대학 내 취업 지원센터에서 졸업예정자를 대상으로 하는 강의였다. 입사지원서나 자기소개서 작성법과 면접 등 취업 준비에 관한 특강과 상담을 하는 일이었다. 이제 후배들에게 설렘을 주고 꿈을 꿀 수 있는 강의 기회가 펼쳐지게 되는 순간이었다. 20여 년 전 내 가슴에 울림이 왔던 때처럼 다시 가슴이 벅찼다.

내가 출강하기로 한 대학은 집에서 자동차로 대략 1시간 거리였다. 하지만 출퇴근 시간 교통상황은 누구도 예상하지 못하는 변수를 가져왔다. 예상 시간보다 40분가량 더 걸려 학교에 도착할 수 있었다. 내비게이션의 안내를 받아 찾아간 학교에는 학생들이 그리 많지 않았다. 재학생 중에는 성인 학습자와 외국인 유학생이 다수였다. 2학기가 시작되어서인지 이미 취업하여 학교에 나오지 않는 학생들도 제법 많았다.

하루는 사회복지과 학생들에게 면접에 관한 강의가 예정된 날이었다.

언제나 강의가 있는 날은 아침부터 가슴이 간질간질하며 설렌다. 다른 날보다 옷차림과 화장에도 더 신경을 쓰게 된다. 그날도 마찬가지였다. 마스크를 쓴 채로 강의해야 했지만 나는 완전한 메이크업을 하였다. 폭이 좁은 정장 원피스에 굽이 높은 정장 구두를 신고 출근하였다.

사회복지과 강의장은 교정에서 가장 높은 곳에 있었고 돌계단을 이용해야 빠르게 갈 수 있었다. 돌계단은 보폭을 크게 해야만 오를 수 있을 정도로 높았다. 들쭉날쭉 일정하지 않은 돌계단은 보기만 해도 벅차 보였다. 학생들에게 나누어 줄 교육자료와 간식을 양손 가득 들고 가야만 했다. 계단을 반쯤 오르자 다리가 후들거렸다. 거친 숨을 몰아쉬며 잠시 쉬었다가 다시 계단을 올라갔다. 평소 운동을 하며 체력 관리를 하고 있다고 생각하였으나 돌계단을 오르는 것은 만만치 않았다. 강사는 체력 관리도 중요하다고 생각하며 터벅터벅 걸었다.

학과 사무실을 들러 조교와 인사를 나눈 후 도착한 강의장은 텅 비어 있었다. 아직 이른 시간이라 학생들이 오지 않은 것이라고만 생각했다. USB를 꽂아 강의 교안을 업로드하고, 간식과 참석명부를 하나씩 세팅하기 시작했다. 이제 강의 시간까지 남은 시간 5분. 그때까지도 학생들은 단 한 명도 오질 않았다. 이전 강의가 늦게 끝나 늦는 것이라 짐작하고 기다렸다. 하지만 강의 시간이 10분가량 지나서도 학생들은 강의장에 오지 않았다. 학과 사무실로 조교에게 달려갔다. 조교는 그럴 리가 없다는 반응이었다. 전날도 학생들에게 오늘 특강이 준비되어 있다고 안내하였다고 했다. 그는 당황한 듯 담당 교수님과 학과 대표 학생을 수소문해서 알아보았다. 그의 얼굴이 일그러졌다. 오전에 교수님의 외부 일정 관계로 휴강 안내를 받았다는 것이었다. 머리가 멍해졌다. 조금 전 힘들게 올라온 돌계단이 생각났다. 그냥 헛웃음이 나왔다. 다시 일정을 잡고 강의를 진행하기로 했다. 일주일 후 더 탄탄하게 준비하고 확인한 후 강의를 진행했다. 참석률 100%에 참여도도 매우 좋았다. 이제야 만족스러운 웃음이 나왔다. 그 이후 담당 교수님은 감사하다며 몇 차례 추가 강의를 요청해 왔다.

강의 전 담당자와 사전 내용 확인이 무엇보다 중요하다는 것을 다시금 깨달은 계기였다. 장소, 시간, 강의 내용은 물론 대상자에 대해서도 사전에 꼼꼼히 확인하는 것은 강의 전 강사가 해야 할 필수 항목 중 하나이다. 어느 하나도 놓치지 않으려 신중히 준비하지만 예상치 못한 상황은 발생한다. 그럴 때마다 누구를 탓하기보다는 나의 행동을 다시 돌아봤다. 지금은 실수가 반복되지 않게 하려고 하나씩 메모하고 확인하는 것에 더 많이 신경을 쏟는다.

내 앞에 나타난 길이 담벼락이라고 생각하며 막막해졌을 때 더 신중한 선택을 해야 한다. '저 벽을 뛰어넘을까? 돌아서 다른 길을 택할까? 아니면 벽을 뚫어 문을 만들고 앞으로 나아갈까?' 돌아보니 나는 언제나 시련이라는 벽을 만났을 때 새로운 문을 만들기를 선택했었다. 나의 행동 방식이 항상 내 생각과 일치하는 것은 아니었다. 하지만 시련에 맞서 포기하지 않도록 내 행동 방식을 바꾸려 노력했다.

프랑스의 종교개혁가 장 칼뱅은 이런 말을 했다. "열린 문도 기회이지만 닫힌 문도 기회다."라고. 열린 문은 들어갈 기회지만 닫힌 문은 열 수 있는 기회라고 생각한다. 언제나 시련 앞에서 절망보다는 새로운 기회를 만들기 위해 노력했다.

잠재력을 꽃피우다

유미인

'모든 인간은 자기 운명의 개척자다.'
– 클라우디우스 카에쿠스

영국 격언이다.

무언가 해보고 싶은 일에 대한 가장 간단한 답은 해보는 것이다. 할까 말까 고민하지 말고 일단 한번 해보는 거야. 일단 시작해 보면 알 수 있는 일이다.

일단 시작했다. 레크리에이션, 웃음 치료도 배워야 했다. 노래 강사라 해서 노래만 하는 건 아니다. 율동도 하고 웃음도 줘야 한다. 점점 부담이 갔다. 그러던 어느 날 우연히 명강의로 유명한 한 분을 만났다. 소통, 동기부여, 조직 활성화 등등 국책사업인 농촌중심지 활성화, 어촌 뉴딜 300이라는 새로운 분야를 알게 되며 도전하고 싶다는 생각을 했다. 울산에서 광주로 광주에서 울산으로 오가며 열심히 배우고 익혔다. 드디어 열심히 연습한 결과 열매를 맺어 출강하게 되었다.

첫 출강을 잊지 못한다 산청 지리산 마을역량 강화 사업 주민 리더 교육 특강이었다. 담당 연구원의 기분 좋은 피드백을 받았다. 경험이 재산이 되고 나의 이력이 되었다. 그동안 어른들을 위해 봉사하며 어른들과 더욱더 가까워지는 법을 알게 되고, 어른들과 잘 소통하는 법을 알게 되었다. 강의하면서 어른들과 원활한 소통을 이루게 된 경험이 나의 재산이 된 것이다. 그렇게 한 군데 두 군데 점점 늘어나는 연구원들의 요청이 이어졌다.

세월이 흘러 스승이 하시던 컨설팅을 스승님의 도움으로 1인기업가가 되어 후배 강사도 양성하고 컨설팅까지 하는 1인기업으로서 자리를 잡아가고 있었다. 처음 마음먹었던 것처럼 나는 계속 스터디를 운영하며 서로 피드백을 주고, 시험강의를 거듭하며 서로 실력을 키워 가려고 노력했다. '빨리 가려거든 혼자 가고 멀리 가려거든 함께 가라.'는 말이 있다. 뭐든 나 혼자는 할 수 없다.

시연이 힘들고 피드백이 부담스러웠는지 한 명씩 꽁지를 빼고 안 하려고 했다. 사람은 다 마음이 똑같지는 않은가 보다. 나는 그런 자리가 없어서 나 혼자 뛰어다녔다. 잘하고 있는지 잘 못 하고 있는지도 모르면서 그냥 무작정 경로당 찾아가 "제가 봉사해 드릴게요." 하며 그냥 직진했던 기억이 난다. 나 같은 어려움을 겪는 사람이 없길 바라는 마음뿐이었다.

그렇게 조금씩 성장하고 있을 때, 누구도 몰랐던, 누구도 원하지 않았던, 바이러스가 온 나라를 뒤덮고 말았다. 코로나19. 울산은 공업 도시다. 남편의 직장에 따라서 가족들이 대처해야 하는 경우가 많다. 코로나19가 심해지면서 강사들은 점점 집으로 들어가 나오질 않고 강의는 점점 줄어갔다. 위기 상황에 부닥쳐 있을 즈음 오픈 채팅방을 알게 되었다. 신세계였다. 오픈방에 입성하기 전만해도 스마트폰가게 운영한 경험으로 '스마트폰 강사에 도전해라.' 하면 단호하게 "난 지금 하고 있는 강의가 더 좋아 이걸로 성공할 거야."라고 말했다. 이제 그게 아니구나. 무릎을 치게 했다.

IT, 컴퓨터, 스마트폰 등은 무궁무진한 강사 세계가 될 거라는 건 자명한 일이었다. 위기가 기회였다. 점점 나는 빠져들기 시작했고 또 돈을 들여 배우기 시작했다. 지금은 머뭇거릴 때가 아니다. 뭐라도 해야 할 때다. 반드시 해야 한다는 마음으로 열심히 배우며 시간을 보냈다. '지치지 않고 꾸준히 하자.'는 나의 좌우명이다. 불가능한 도전을 가능케 하는 건 열정이라고 했다. 지치지 않고 끝까지 해내는 것도 열정이다. 성공하려면 낙관적으로 구상하고 비관적으로 계획하며 열정적으로 실행해야 한다고 했다. 나의 목표는 지금 내가 하는 일의 성공이다. 성공하기 위해서는 내가 실천해야 할 것이 무엇이며, 내가 버려야 할 것이 무엇인지 인지하고 실행해야 한다. 하나씩 하나씩 실행하기 시작했다. 한 분야에 한 분씩 스승을 만들기 시작했고 그 스승이 이끌어 주는 대로 따라 하기 시작했다.

시작은 독서 모임부터 했다. 부모님께 좋은 목소리를 물려주신 덕분에 내가 가장 자신 있는 분야 노래 강사의 장점을 발휘하여 시작한 낭독 독서 모임이었다. 낭독하면 목소리도 좋아지고 폐활량도 좋아지고 일석이조, 아니 일석 3조, 4조가 된다. 눈으로 보고 입으로 읽고 귀로 듣고 생각하고 낭독 독서를 하루 30분씩 해서 인증하고 서로 가슴에 남는 글 하나씩 인증하고 일주일에 한 번 줌으로 만나 이야기 나누고 피드백하는 즐거운 시간이다.

낭독 독서를 하다 보니 온라인 강의 기법도 더 배우고 싶었다. 또 무슨 일이든 마케팅을 잘해야 하는데 마케팅을 하려면 컴퓨터가 필수라는 생각에 또 한 분의 스승을 찾았다. 컴퓨터학과 전산을 전공하고 전산실에 20년 이상 근무하신 분을 만나 컴퓨터를 배우기 시작했다. 같이 오픈방도 개설하고 지금까지 이끌어 가고 있다. 코로나19가 등장하면서 비관하거나 원망하는 사람들도 많아졌다. 물론 나도 오프라인 강의가 거의 없다 보니 수입이 거의 없는 상황이 되어 좌절도 하고 고민이 많았다. 그러나 어쩌면 코로나가 나에게는 좋은 기회를 만들어 준 것일지도 모른다.

땡큐 코로나라고 생각했다. 그러나 그게 다가 아니었다. 처음에는 무작정 오픈 채팅방을 개설하여 강의를 열어 시작하면 될 거라고 생각했다. 사람을 모으고 트레픽을 일으키기 위해선 나는 두세 배 노력해야 했고 돈도 그만큼 많이 쓰며 배워야 한다는 걸 알게 되었다. 일주일에 한 번, 한 달에 네 번은 사람을 모으려는 방법으로 무료특강을 했고, 그러면서 유료특강을 개설하며 수익 창출을 해야 했다. 쉽지 않은 일이었다. 비슷한 오픈 채팅방이 많았다.

경쟁을 하고 싸우고(무언의 싸움) 하는 모습이 보기 싫었다. 힘들고 아팠다. 그런 시간을 오랜 기간 지속하다 보니 지쳐가고 지금은 2년 넘게 키워온 오픈 채팅방을 이제 손을 놓아버린 상태다. 마음을 비우고 나니 오픈방에 계신 대표님들, 강사님들께는 죄송하지만, 훨씬 편해진 것 같다.

'행복은 내가 만드는 것이다.' 또 하나의 나의 좌우명이 생겼다.

"변화를 수용하고, 도전을 극복하고, 진정한 잠재력을 발견하라."

인생은 예상치 못한 우여곡절로 가득 찬 여정이다. 이런 불확실성과 변화의 순간에 우리는 성장과 자기 발견의 기회를 찾는다. 불확실한 상황에서는 변화에 저항하기보다 수용하는 것이 중요하다. 도전은 성공을 향한 필수적인 부분이다. 우리의 잠재력은 무한하며, 지속적인 학습과 개인 개발을 통해 다른 사람들로부터 지식을 찾고, 마음이 맞는 사람들과 협력하고, 새로운 수준에 도달하기 위해 끊임없이 노력하는 것이 필요함을 인식하는 것이 중요하다. 그렇게 함으로써, 학습자에서 멘토로 변모하여 지식을 전수하고 다른 사람들이 성공할 수 있도록 힘을 실어줄 것이다.

변화, 도전, 자기 발견이 개인 및 직업적 성장의 촉매제임을 강력하게 상기시켜 준다.

변화를 수용하면 새로운 가능성의 문이 열리고 도전을 극복하면 탄력성과 결단력이 강화된다. 우리의 진정한 잠재력을 활용하고 지속적으로 성장을 추구함으로써 누구나 만족스럽고 영향력 있는 여정을 시작할 수 있다.

흔들릴 때는 성장의 시작

이서윤

기업도 여럿이 시작하면 추진력이 강하다. 우리 조합원들은 서로를 챙겼고 도움을 나눴다. 지원하는 사람들이 있었고 협업하는 기업이 생겼다. 사업 주체 법인은 교육이 목적사업이기에 강사들은 역량 강화 교육을 자주 받았다. 나이 들어 웬 공부를 이렇게 많이 하느냐며 투덜댔지만, 즐거운 투덜거림이었다. 모이면 희망으로 즐거웠다. 조직의 의사결정기구인 정기회의와 임시 회의를 활성화했고, 정기 이사회와 정기 총회 등 정말 많은 회의를 진행했다. 우리는 머리에 회의라는 모자를 뒤집어쓰고 다니는 것 같았다. 이 모자는 머리가 많이 조이는 단점이 있지만 기업의 방향성을 제시해 주었다.

관공서에서 용역사업 한 건을 수주했다. 당시 우리에게 2,000만 원은 상당한 매출이다. 부푼 마음에 교안을 새로 짜고 강사진을 구성했다. 법인에서 모자라는 강사는 협력기업에서 소개받았다. 첫 소셜벤처, 체인지메이커 강의를 시작했다. 교육 기간은 기본 4회에서 최장 8회기였다. 강사당 6개 학교가 배정되며 짧으면 한 달, 길면 두 달간 교육을 할 수 있다. 공동콘텐츠로 수업을 진행하면 딱 떨어지는 구조다. 그런데 첫 사업부터 시험이 들이닥쳤다. 17회기를 신청한 중학교가 있었다. 긴 회기 수업은 쉽지 않다. 아무도 갈 사람이 없어 결국 내가 가기로 했고 8회기 교안을 17회기로 늘려야 했다. 머피의 법칙일까, 어릴 적에도 내 밥에서만 돌이 씹혔다. 다른 식구들은 괜찮은데 꼭 내 밥에 돌이 있었다. 식당에서 줄을 서면 내 앞에서 갑자기 대기 시간이 길어졌다. 식기에 붙은 고춧가루는 내 눈에만 잘 보였다. 맛있게 먹던 친환경 도시락엔 벌레가 세트로 등장한다. 한 강사가 나를 보고 버그가 잘 걸리는 타입이라고 놀렸다. 뭐든 내게는 쉬운 게 없었다.

드디어 첫 강의 날, 예쁜 여학생들과 만났다. 2회기는 순조로웠다. 3회기 정도 되니 몇몇 학생이 내 말을 따라 하기 시작했다. 대구가 고향인 나는 경기도에서 30년 가까이 살았지만, 대구 억양이 남아 있다. '싸인펜'을 '사인펜'이라고 했고 '어' 발음과 '으' 발음을 신경 쓰지 않으면 여전히 '어'가로 나왔다. 학생들이 발음을 따라 하자 초보 강사의 이마에는 온통 식은땀이 났었다.

다른 학교도 같은 반응이었다. 몇 차시가 지나자, 한 남학생이 혹시 한국 사람이 맞느냐고 물었다. 이게 무슨 말인가? 고향이 대구라고 답한 뒤, 발음이 이상하냐고 물었더니 괜찮다고 했다. 그런 질문을 여러 번 듣자, 자신감이 뚝 떨어졌다. 수업을 진행할 때 신경 쓰지 않으면 나오는 발음에 스스로 당황했다. 초보 강사에게 큰 고민이 생겼다. 생각하면 그 애들과 비슷한 경험이 내게도 있었다. 젊은 시절 은행에 근무할 때의 일이다. 연수원에 들어갈 기회가 있었다. 2주 동안 공부하고 시험을 보면 인사고과에 성적이 올라가니 당연히 시험성적이 좋아야 했다. 처음 입소한 연수원이 광주에 있는 전남 연수원이었다. 오리엔테이션이 끝나고 본격적으로 교육을 받았다. 맙소사, 나는 전라도 사투리가 너무 생소했다. 당시만 하더라도 대구에서 전라도 사투리를 들을 기회가 없었다. 특히 끝을 감아올리는 찰진 사투리를 감당하지 못했다. 교육 내용보다 교수의 사투리만 귀에 들어와 공부를 못한 경험이 있었으니, 학생들의 사투리에 대한 느낌을 잘 알고 있었다. 어떡할 것인가. 발음교정 책으로 연습해도 의식하지 않으면 익숙한 사투리 발음이 나왔다.

하루는 줌 온라인으로 소셜벤처 수업을 진행할 때다. 화면에 보이는 '성현' 학생에게 질문했는데 대답이 없다. 분명 그 학생은 나와 눈을 맞추고 있었다. 다시 한번 이름을 불렀다. 그제야 자기 이름을 불렀냐며, 왜 승현으로 발음하냐고 했다. 담당 교사도 함께 있었는데 얼마나 당황했는지 등줄기에 땀이 났다. 아예 경상도 사투리로 말하면 개인별 특징으로 인정받을 수 있는데, 나처럼 경기도에 거주하면서 특정 발음만 잘 안되면 반응이 안 좋을 수 있다. 고민하다가 3개월 과정의 스피치 학원에 등록했다. 이후 꾸준히 노력한 시간은 헛되지 않았다. 어느 날부터 발음이 귀에 쏙쏙 들어온다, 스피치가 좋다는 반응이 있었다. 강사는 말 한마디

이름 하나 부르는 데도 발음이 안 좋으면 긴장한다. 첫 강의를 시작하고 첫 번째 시련 아닌 시련이 그렇게 지나갔다.

수업 회기가 긴 소셜벤처 수업을 재밌게 해 달라는 요청이 있으면 난감하다. 특히 중학생 대상이면 어떤가? 프로젝트 수업이지만 초반부에 사회적 가치를 먼저 배워야 하기에 그 과정까지가 길고 지루하다. 짧은 회기 수업이야 어떻게든 시선을 끌고 집중력을 잡을 수 있다. 하지만 긴 회기 수업은 재미 요소와 결과물 도출도 은근히 부담된다.

모 중학교에서 수업할 때다. 분명 8회기 교안이라 공지했는데, 23회기로 늘려달라고 요청받았다. 이번에도 머피의 법칙은 비켜 가지 않았다. 어쩔 수 없이 교안을 새로 짰다. 혼자 콘텐츠를 짜려니 편두통이 재발할 지경이었다. 다행히 담당 교사가 학생 통제를 잘 해줬고 학생들도 적극적으로 활동했으며 발표력이 좋았다. 한 학기 동안 교육받은 학생들이 소셜벤처 아이디어 대회에 예선을 통과해 본선에서 수상했다. 그날은 12월 추운 날씨인데도 몸과 마음이 날아갈 것 같았다. 한 콘텐츠로 23회기 수업을 마치니 더 이상 어떤 수업도 걱정되지 않았다. 머리가 지끈하던 한 학기가 잘 지나갔다.

2020년 연초는 오래 기억에 남을 것이다. 그 해는 시작이 좋았다. 교육 공모신청서를 내는 대로 서류합격이 되고 2차 대면 심사에 합격했다. 공모를 기획하는 데엔 많은 수고가 따르지만, 결과가 좋아 날개를 단 것 같았다. 한 계단 한 계단씩 오르다가 몇 계단을 한걸음에 오른 기분이었다. 아뿔싸! 우물 안 개구리가 동그란 하늘을 보고 그 하늘이 세상 전부라고 으스대고 말았다. 모든 일이 그렇게 잘 풀릴 줄 알았다.

그해 2월 3일은 평생 잊지 못할 것이다. 평생학습관에서 새롭게 시작한 '착한 쇼콜라티에' 수업 첫날이었다. 가족 동반 체험교육이라 저녁 시간만 기다리며 준비사항을 체크하고 있었는데 교육 담당자에게서 전화가 왔다. 코로나19로 인해 별도 조치가 있을 때까지 대면 수업이 전면 금지라고 했다. 방역 정세가 불안해 마음 졸였는데 결국 취소됐다. 교육 예약 사이트 개시 2시간 만에 마감된 인기 프로그램이라 담당자의 아쉬움도 컸다. 다음날은 오산시에 제안한 수업이 취소되었다는 전화를 받았다. 직장인을 대상으로 하는 8회기 콘텐츠가 세상에 드러나기도 전에 연기처럼 사라졌다. 그날 이후 대면 수업이 전부 멈췄다. 선정된 공모사업 몇 건도 몇 번이나 연기되고서야 책상에 가림막을 하고 겨우 진행했다. 간식 금지, 대화 금지로 방역이 철저하게 확인되어야 교육을 수행할 수 있었다. 서로 친해지는 데 먹는 것, 수다, 접촉을 빼면 분위기가 얼마나 삭막한가. 자신의 안전을 위해 사람 만나는 것을 두려워하는 시기였다. 긴 터널에서 희미한 불빛 몇 개에 의지해 서 있는 것만 같은 날들이었다.

쥐구멍에도 볕들 날 있다더니 희망이 보였다. 줌이라는 온라인 공간이 있지 않은가. 경기도 지원금으로 온택트 교육 진행 기관에 면접을 보고 합격했다. 디지털 도구 사용은 낯설고 어려웠지만, 교육이 반복되고 서로 피드백을 주고받으며 생각보다 빨리 습득했다. 비대면 학교 교육을 처음으로 진행하는 날, 퀴즈를 내고 소회의실로 모둠을 배정하고 디지털 도구에 활동 결과물을 작성하게 하느라 우왕좌왕했다. 당황스러운 비대면 수업이긴 했어도 코로나 시기에도 강의할 수 있는 길을 찾은 두 번째 빛의 발견이었다.

코로나19는 누구에게나 힘든 시기였다. 힘들다고 낙담과 좌절을 하는 것이 아닌, 할 수 있는 것을 찾아낸다면 돌파구를 찾을 수 있다. 좌절보다 용기로 이겨낸다면, 어려움이 다시 와도 곧 일어날 수 있다. 사람이란 적응도 빠르고 문제해결 능력도 뛰어난 존재이기 때문이다. 경험이 쌓여 실력이 되고 실력이 쌓여 기술이 된다. 기술과 사유가 묶여 지혜가 된다. 힘든 일이 닥쳐도 지혜로서 힘든 시기를 잘 이겨낼 수 있다.

새로운 출발선에서 희망을 꿈꾸다

정순옥

경력으로 바라던 강사 일을 시작했지만, 나의 첫 스타트는 그리 순탄치만은 않았다. 동료 강사들은 대부분 경력자였다. 당연한 말이겠지만 그 사람들보다 더 큰 노력을 해야만 했다. 내심 위축도 되었지만, 티 내지 않고 동료들과 기관에 민폐 주지 않기 위해 스스로 컨트롤하며 부단히 애썼다. 열심히만 하면 다 되는 줄 알았다. 하지만 시간이 지날수록, 잘해내야 한다는 것도 깨닫기 시작했다.

나의 첫 강의 대상자는 초등학교 4학년이었다. 많은 사람을 만난 덕에, 앞에 서는 일은 그리 긴장되지 않았다. 그래도 잘 해내고 싶은 마음에 열심히 준비했다. 처음 가는 학교였지만 오가며 봐온 곳이라 그리 낯설지 않았다. 적은 인원으로 4학년 두 학급을 합반으로 진행하게 되었다. 완벽하게 준비했으니 잘될 거라는 자신감을 안고 교실로 들어섰다. 교실 맨 뒤에 젊은 선생님 두세 명이 팔짱을 끼고 나를 바라본다. 아이들이 돌발 질문을 한다. 시나리오에 없는 질문이다. 머릿속이 하얀 해지고 심장이 두근거리기 시작했다. 이미 모든 게 꼬여버렸다. 다행히 준비 한 교구로 수업은 마무리했지만, 교실을 나오는 순간 정신력이 흔들리기 시작했다. 돌아오는 내내 황당한 표정으로 나를 쳐다보던 선생님의 눈빛이 떠올랐다. 무엇이 문제였을까 고민했다. 내 말만 하려고 했다. 아이들 눈높이에서 바라보지 않고 준비한 시나리오대로 풀어내려고 했던 일방통행의 결과였다.

두 번째 강의는 어르신 대상 D노인복지관 강의였다. 초등학교도 망쳤는데 성인 대상에 인원도 수십 명이 넘는다고 하니 말도 안 되는 소리라고 생각했다. 더 연습하고 가야 할지 고민되었지만 백 번의 연습보다 한 번의 경험이 얼마나 중요한지를 체험하고 난 터라 용기를 내보기로 했다. 이걸 해내면 진정한 강사가 될 것 같은 근거 없는 자신감이 생겼다. 돈 들여 취득한 웃음 치료 자격증도 써 볼 기회가 왔다. 요양원 봉사로 다져진 나의 진가를 보여 줄 기회라 생각하고 겁 없는 도전장을 냈다. 복지관은 생각보다 넓었다. 강의실 안으로 들어가니 100여 명의 어르신이 앉아 있었다. 먼저 놀아드려야 한다는 생각으로 간단한 레크리에이션으로 강의를 시작했다. 내가 진행할 강의 주제는 일상생활 속 올바른 쓰레기 분리배출을 통한 재활용, 즉 자원순환 강의였다. 대상자가 대부분 어머니여서 공감대가 잘 이루어졌다. 질문하고 답하고 일명이 소통의 강의를 진행했다.

결과는 대성공이었다. 쉽고 재미있게 잘한다는 칭찬도 듣고, 강의 평가도 잘 나왔다. 마음 같아서는 큰절이라도 올리고 싶은 마음이었다. 마치 간이 딱 맞는 된장찌개를 끓여 낸 것처럼 뿌듯함, 그 자체였다. 할까 말까 망설여질 때는 무조건 해보는 게 정답이다. 실패를 두려워하고 도전하지 않았다면 경험에서 얻어 낸 소통의 중요성을 깨닫지 못했을 것이다. 그렇게 시행착오를 겪으며 강사로서 조금씩 성장해 나가고 있었다.

1년 사업이 마무리되고 연초가 되어 강사 독려의 식사 자리가 마련되었다. 새로운 국장 소개가 있었다. 같은 아파트에서 인사를 나눈 주민이었다. 한편으로는 부담스러운 자리기도 했지만, 나를 어필할 기회가 온 것 같아 내심 반가웠다. 한마디씩 격려의 말을 건네고 사담 속에 국장이 툭 내뱉은 한마디가 뒤통수를 세게 맞은 듯한, 충격으로 다가왔다. "요즘 주부들은 다들 능력자들이에요. 경력 없이도 말만 잘하면 강의도 다니고 대단해요."라는 칭찬의 말이었다. 나를 꼬집어 한 말도 아닌데 오가며 마주친 내 모습을 빗대어 하는 말이 아닌가 싶어 괜한 자격지심이 들었다. 그리고 오기가 생겼다. 나름 뒤처지지 않으려고 부단히 애썼지만, 노력만 한다고 인정받는 건 아니라는 생각이 들었다. 잘해내야 한다는 것을 깨달았다. 잘해낸다는 것은, 내가 하는 일에 열정을 발판 삼아 시간과 배움을 투자해 다른 사람들에게 얼마만큼 나를 가치 있게 보여 줄 수 있는지의 결과물인 것 같다.

전문성을 갖기로 했다. 주로 학교 수업을 많이 들어간 터라 청소년 교육학을 공부하기로 했다. 오기로 시작했던 공부는 다른 분야에 대한 다양한 정보를 얻게 되었고, 강의 소재도 더욱 풍성하게 만들었다.

그러나 좋을 것만 같았던 도전은 생각만큼 잘되지 않았다. 일과 공부를 병행하는 것이 수월하지는 않았지만, 내가 선택한 일이니 잘해 내고 싶었다. 욕심이 커질수록 좌절감도 함께 따라왔다. 공부를 시작하면서 경제적인 문제에도 직면하게 되었다. 스스로 해내고 싶어, 남편에게 도움을 요청하지 않았다.

매월 열심히 강의하는데도 불구하고 통장에 찍히는 돈은 백만 원 내외였다. 통장 공백을 채우려고 시간 날 때마다 아르바이트도 했다. 분명 열심히 사는데, 채워지지 않는 2%의 공백은 일에 대한 가치를 다시 생각하게 했다. 목표를 위해 한 가지 일에만 집중하는 것이 맞는 건지, 경제적 보상을 쫓아 현실을 직시하면서 열심히 사는 것이 맞는 건지 혼란스러웠다.

슬럼프가 찾아왔다. 미래에 대한 불안감이 다시 생겨났다. 내가 잘하고 있는지 고민스러웠다.

너무 늦은 도전은 아니었나 하는 후회도 들었다. 그 물음은 일상에도 많은 변화를 주었다.

주변 사람들은 나이 먹어 돈 되는 일을 해야지, 공부도 때가 있고 요즘

날고 기는 스타 강사들도 많은데 비전 없는 일에 시간 낭비하지 말고, 하던 일이나 잘해서 노후 준비나 하라며 다들 한마디씩 했다. 집에서도 마찬가지였다. 저녁마다 공부한다고 책상 앞에 앉아 있느라 가족들과 대화하는 시간도 줄어들었다. 돈이라도 많이 벌면 큰소리라도 칠 텐데 이도 저도 아닌 현실은 그만두어야 하는 이유를 찾기에 충분했다. 이해타산을 생각하면 밑지는 장사였지만, 내가 좋아하는 일이고, 강의할 기회가 주어지는 것만으로 감사한 마음을 갖기로 했다. 당장은 힘들었지만 포기하지 않고 견뎌보기로 했다.

다시 나의 욕구가 무엇인지 찾기 시작했다. 다 마음먹기 나름이다. 힘들면 공부는 천천히 하면 된다. 돈을 많이 벌고 싶으면 강의 분야를 넓히면 된다. 지나온 시간이 지금보다 더 행복했었는가 생각하니 답이 나왔다. 활동 영역을 넓히기 위해 정보를 찾기 시작했다. 전투적으로 배움을 쫓아다니면서 받아 놓은 20여 개의 자격증이 생각났다. 그 덕에 모집 요강에 맞는 서류를 제출하고 몇 가운데 기관 등록 강사가 되었다. 수련 과정도 시연 테스트도 좋은 점수를 받아, 바로 강의 현장에 참여할 수 있게 되었다. 일정표를 채워나가면서 다시 잘해 낼 수 있을 거란 기대감에 부풀었다. 하지만 그도 잠시 강의 일정 하루 전날 코로나 팬데믹이 발목을 잡았다. 전면 대면 수업 불가로 무기한 일정 연기라는 문자를 받았다.

좌절감이 들었고 다시 고비가 찾아왔다. 또 한 번 마음을 다잡아야 했다.

　엎어진 김에 쉬어 간다고 했다. 긍정적으로 생각하기로 했다. 긍정으로 마음을 고쳐먹으니 좋은 일도 생겼다. 그동안 전전긍긍하면서 쉼 없이 달려온 시간을 잠시 멈출 수 있었다. 다른 사람에게 뒤처질까 봐 남들이 하는 대로 흉내 내며, 치열하게 살아온 일상을 되돌아볼 수 있었다.
　위기는 또 다른 기회라는 말이 있다. 코로나19로 대면 강의가 중단되면서 원치 않는 실직자가 되었지만, 새로운 단기성 일자리들이 생겨났다. 준비된 자격증으로 도전할 기회도 얻었다. 코로나19의 위기는 새로운 기회가 되어 다른 강의 분야에 도전할 수 있는 계기를 마련해 주었고 강의 영역을 넓히는 디딤돌이 되어 주었다.

　뱁새가 황새를 따라가는 방법은 같은 방향을 바라보면 된다. 황새걸음에 주눅 들지 말고 자기 걸음으로 걸어가다 보면 가랑이도 찢어지지 않고 따라갈 수 있다. 조금 늦더라도 원하는 목표가 있다면 멈추지 말고 꾸준히 걸어가면 된다. 조급해하지 말자. 남들과 비교하지도 말자. 세상이 요구하는 조건에 주눅 들지 말자. 나는 나로서 가치 있는 사람이다.
　아직은 부족하지만 여태까지 열심히 잘 살아온 내 스스로를 칭찬한다. 멈추지 않고 도전해 보련다. 다른 사람이 말하는 스타 강사의 기회가 분명 나에게도 찾아올 희망을 꿈꿔 본다.

내 인생의 주인공은 바로 나

정종관

군인은 개인별 군 복무 기간에 따라 전역 이후의 삶을 준비할 수 있도록 시간을 부여해 주는 제도가 있다. 군 전역 직전에 군인으로서 받을 수 있는 혜택 중 가장 의미가 있는 기간이다. 군 생활 기간이 길었던 터라 1년이라는 소중한 시간을 부여받았다. 전역 이후 특별한 계획이 없는 사람에게는 전역 이후의 삶을 준비하기 위한 천금 같은 기회다. 선배들의 사례를 보면 이 기간을 얼마나 효율적으로 활용하느냐에 따라 전역 이후의 삶의 방향이나 삶의 질이 정해지는 모습을 많이 목격했다.

앞서 말한 것처럼 강사의 길을 걷겠다고 결심을 한 후 이화여대 명강사 과정을 우수한 성적으로 수료했다. 이후 기회가 되어 몇 개의 과정을 선택하여 관심이 있는 새로운 분야에 과감한 도전장을 내밀었다. 도전한 분야마다 주관했던 교육기관으로부터는 물론 과정을 같이 참여했던 동료들로부터 호평을 받았다. 결석 없이 성실하게 교육과정에 참석했을 뿐만 아니라 부여된 과제 준비와 발표를 할 때도 퍼펙트하게 해냈기 때문이다. 시연 강의도 주제에 맞게 잘 준비된 강의안으로 긴장하지 않고 척 척 잘 해냈다. 전문 교수님들은 물론 같이 발표한 동료들로부터도 잘한 다는 칭찬이 자자했다. 강사가 되기 위해서 시연을 잘하는 것도 중요하 지만 가장 중요하게 생각했던 것은 역시 대인관계에 가장 큰 가치를 두 었다. 그렇기에 교육 회사 대표들이나 먼저 강사의 길을 걷고 있는 사람 들을 많이 알아가는 것이 중요했다.

얼마의 기간이 지났을까? 대구에 있는 교육 회사 대표로부터 강의 제 의가 들어왔다. 갑자기 훅 들어온 강의 제의이기에 상당히 긴장하기도 했지만 오히려 잔잔한 설렘도 있었다. 전역했다고 해서 군인정신까지 버 린 것은 아니니 일단 하겠다고 했다. 나중에 대표님을 만나서 왜 나를 강 사로 결정했는지 궁금해했더니 해보겠다가 아닌 하겠다고 자신감을 보 여줬던 것이 강사로 선정하게 된 결정적인 이유라고 말씀해 주셨다.

교육 회사 대표를 만나서 강의 건에 대한 대화를 나누었다. 우리나라 굴지의 이동통신회사의 각 지점을 대상으로 산업안전교육을 하는 것이 었다. 서울, 경기, 인천지부 등 몇 개의 지점에 근무하시는 직원분들을 대상으로 하는 제법 규모가 큰 강의 프로젝트라고 했다.

강의안을 받아들고 열심히 공부했다. 모르는 부분이나 전문분야에 대 해서는 지인들을 찾아다니며 질문하고 또 질문해서 완벽하게 내 것으로 만들었다. 제공된 강의안으로는 성이 차지 않아서 강의안을 대부분 직접 만들었다. 강의안을 새롭게 만들다 보니 많은 자료들을 찾아보게 되면서 자연스럽게 내용도 숙지가 되었다. 일석이조의 효과를 내는 방법임을 알아차리게 된 계기가 되어 지금도 강의안이 제공되는 강의에 대해서는 항상 강의안을 새롭게 만드는 좋은 습관이 몸에 배었다.

첫 강의를 시작할 때는 많이 긴장되었지만 강의 시작 10분이 지나면서부터 자신감이 붙기 시작했다. 공부도 많이 하기도 했지만 강의안을 다시 만들면서 내용을 완전하게 숙지하고 있었기 때문에 오히려 여유까지 생겼다. 청강하시는 분들의 표정이나 눈빛에서 얼마나 적극적으로 경청하고 있는지를 느낄 수 있었다. 첫 강의부터 교육에 참여하신 분들의 표정과 분위기까지 읽어가면서 강의했다는 것은 지금 생각해 봐도 놀라운 일이 아닐 수 없다.

첫 강의를 마치고 며칠이 지난 후 교육 회사 대표로부터 연락이 왔다. 첫 강의부터 너무 잘했다며 피드백이 다른 강사들에 비해 매우 좋다고 말해주었다. 그다음부터는 대표가 무슨 말을 했는지 하나도 기억이 나지 않는다. 너무 흥분되고 기분이 좋았기 때문이다. '첫 강의부터 이렇게 잘해도 되는 거야. 나 금방 월 천 강사 되는 거 아냐?'라는 기분 좋은 자만심에 잠시 빠져보았다.

강의 시작 3개월 정도가 지나면서 서울, 경기, 인천지역의 지점들을 순회하며 강의가 순조롭게 진행되었다. 웬걸, 코로나19가 기승을 부리기 시작했다. 거리 두기, 실내 마스크 착용 등등 강의에 불리한 조건들이 뉴스를 도배했다. 같이 강사과정을 수료했던 동료 강사들도 모든 강의 계획이 취소되어 강의할 장소가 없다면서 힘들어했다.

그런데 이동통신사 강의 현장은 다른 강의 현장과 달랐다. 본사에서는 강의장 정원의 50%만 입장시켜서 거리 두기 지침을 준수하면서 대면 강의를 계속 진행하라는 공문이 하달되었단다. 오히려 코로나19 이전보다 강의 횟수가 두 배로 늘어났다. 다른 동료 강사님들 보기에 미안하기도 했지만 나에게는 큰 행운이 따라주었다.

시간이 지날수록 코로나19가 전국적으로 확산되면서 결국 대기업 이동통신사도 무릎을 꿇을 수밖에 없었다. 대면 교육 중단 지시가 내려와서 더 이상 교육을 진행할 수 없다는 통보를 받았다.

코로나19 팬데믹이라는 반갑지 않은 불청객이 나타나서 인류를 힘들게 했다. 인류는 차치하고서라도 이제 막 강사로서 첫발을 내딛고 잘나가고 있는 중요한 순간에 지금까지의 준비를 물거품으로 만드는 안타까운 일이 발생했다. 나를 포함한 많은 강사들이 먹고살 일을 걱정하면서 코로나19로 인해 실의에 빠져들며 힘들어했다.

그럴 수 없었다. 주저앉을 수 없었다. 무엇이든 해야 했다. 어두컴컴한 동굴을 빠져나와야 할 목표가 있어야 했다. 지금이 바로 하늘이 내려준 기회다. 지금 준비하지 않으면 앞으로 준비할 수 있는 시간이 없을 수도 있다는 생각이 뇌리를 때렸다.

'긍정적인 사고'의 창시자로 알려진 노먼 V. 필(Norman Vincent Peale) 박사는 "정확한 목표 없이 성공의 여행을 떠나는 자는 실패한다. 목표 없이 일을 진행하는 사람은 기회가 와도 그 기회를 모르고 준비가 안 되어 있어 실행할 수 없다"고 했다. 역설적으로 '준비가 충분히 된 사람은 어떤 상황이 와도 적응하면서 극복할 수 있다'는 긍정적인 의미로 바꿔서 이해했다. 그래야만 했다.

코로나19로 인해서 강의를 할 수 없는 기간은 나에게 또 하나의 천금 같은 기회를 제공했다. 이화여대 명강사 과정을 통해서 알게 되었던 교육 회사들로부터 자격 과정이 열린다는 정보를 SNS를 통해서 알려왔다. 코로나19 이전보다 많이 할인된 가격은 물론이고 비대면으로 자격 과정을 진행하니 꼭 참석해 달라는 내용이었다. 교육 회사들도 힘들기는 매 마찬가지였다. 그래서인지 줌 플랫폼을 이용해서 진행하는 비대면 자격 과정이 여기저기에서 많이 열렸다. 이 기회를 이용해서 하루에 몇 개의 자격 과정에 참여하면서 다양한 분야의 자격증을 획득했다. 내 인생 여정 중에 이렇게 바쁘고 힘들게 살아왔던 기억은 없다. 온종일 컴퓨터 방에 틀어박혀서 강의 듣고, 과제하고, 강의안 만들어서 시연 준비하고, 시연한 후 합격해서 과정 수료식에 참여하는 등 바쁜 일정을 묵묵하게 소화해냈다. 심지어 하루에 두 개 과정 수료식이 겹쳐서 두 개의 자격증을 획득한 날도 있었다. 이런 날들이 자그마치 3년 여 동안이나 지속되면서

80여 개의 자격증을 받아냈다. 그리고 덤으로 얻게 된 선물은 자격증 숫자의 수십 배나 되는 많은 사람과 소통하게 된 소중한 기회까지도 제공받았다.

지금은 그때 알게 된 분들과 자연스럽게 소통하고 강의와 관련된 다양한 정보를 주고받으며 win-win하고 있다. 코로나19라는 불청객 덕분에 많은 것을 준비하게 되었고 그분들과 인연을 맺게 되었으니 얼마나 소중한 기회였고 행복한 일이었는가.

위기는 곧 기회다.

강사는 힘들 때마다 퍼포먼스를 한다
정창교

강사는 최상의 컨디션을 유지하는 것이 무엇보다 중요하다. 지난해 12월 서울시니어스타워 1층 갤러리에서 진행된 법정 장애인 인식개선 교육은 강사지원사업 예산이 모두 소진된 상황에서 진행되었다. 강사지원 사업으로 무료 강사 파견을 기대한 주최 측 관계자에게 발달장애인 청년 연주자와 동행하겠다는 의견을 전했다. 주최 측은 예산 부담이 커질 것을 우려하는 모습이었다. 색소폰 연주자 박진현 씨는 코로나19 이후 연주 기회가 줄어들어 울상이었다. 이런 기회를 살려 발표 무대를 만들었다.

차량을 이용해 현장에 도착해보니 서울시니어스타워는 도심 한복판에 자리 잡고 있었다. 초고령화 사회가 되면서 노인 돌봄 문제가 사회적 이슈가 된 가운데 돌봄 노동자들도 법정 장애인 인식개선 교육을 의무적으로 들어야 한다. 해당 기관에서 한국장애인고용공단 홈페이지에서 꿈꾸는 마을을 검색해 연락해 온 사례였다. 로비에 문의하니 갤러리 카페에서 교육이 진행될 것이라는 답변이 돌아왔다. 노트북을 켜고 PPT 자료를 활용해 강의할 수 있는지 상태를 미리 점검하였다. 다행히 시스템을 다룰 줄 아는 직원이 있어서 간단하게 해결하였다. 주최 측에서는 교육 참가율을 높이기 위해 작은 선물도 준비하고, 참가자 명단을 작성하는 등 분주한 모습이었다.

강의가 시작될 무렵 갤러리 내부가 발 디딜 틈이 없을 정도로 인산인해를 이뤘다. 맨 앞에는 장애인 돌봄 활동 경험이 있다는 70대 여성 5명이 자리를 잡고 진지한 모습으로 강의를 경청하였다. 이들에게 눈맞춤을 하고 강의하였다. 강사도 신났다. 예산 때문에 파트너 강사에 대해 거부감을 보였던 실무자도 교육 직후 반응이 좋게 나오자 기분이 좋아 보였다. 시설장은 거부 반응을 보이던 때와는 달리 발달장애인 연주자에게도 10만 원의 예산을 현장에서 편성해 강사로 인정하는 모습이 보여줬다. 동행한 발달장애인 연주자 어머니는 휴대전화로 강의 실황을 동영상으로 제작하였다.

강사에게는 강의할 현장이 필요하다. 문제는 무료 강의가 넘쳐나면서 예약한 강의를 취소하는 사례가 빈발하고 있다는 점이다. 인천 미추홀구의 한 기관 실무자로부터 강의 요청받았다. 구청장이 참석하는 행사로 구청 대회의실에서 진행되는 일정이었다. 하지만 법정 장애인 인식개선 교육을 1시간 동안 진행하는 것이 한국장애인고용공단의 입장이었으나 현장에서는 다른 강의와 함께 1시간 내 진행을 요구하는 사례가 적지 않다. 결국 다른 무상교육이 가능한 업체에 기회가 돌아갔다. 한국장애인고용공단 인천지사에서 수행기관들과의 간담회를 하는 자리에 참석해 현장의 목소리를 전달하였다.

공단의 홈페이지를 통해 연락이 온 사례도 교육으로 확정되는 데까지는 여러 가지 장벽이 도사리고 있다. 부산의 한 업체에서는 주 1회씩 2주에 걸쳐 법정 장애인 인식개선 교육을 요구하였고, 강원도의 한 시멘트 업체에서도 사장을 포함 교육을 받지 않아 과태료 위기에 몰려 강의 요청을 해왔다. 교통비도 안 되는 강사비 책정으로 강사가 실제 교육을 할 수 없는 경우도 많다.

제주도에서는 오전에 호텔 직원들을 대상으로 교육을 하기로 한 곳이 주요 간선도로에서 멀리 위치해 찾기가 어려웠다. 택시를 타고 호텔로 들어서자 바다가 보이는 멋진 풍광 속에 수영장이 보였다. 강의 시간에 늦지 않기 위해 조바심을 쳤던 시간을 뒤로하고 잠시 셀카 놀이를 하는 여유를 부리는 호사를 누렸다. 호텔 로비에서 담당자에게 교육 장소 안내를 받았다. 이번에는 정확한 위치를 찾는 것이 쉽지 않아 애를 먹었다. 교육 장비도 설치해주는 직원이 없어 강사가 직접 설치해야 하는 상황이었다. 답답했지만 문제를 하나씩 해결하면서 호흡을 가다듬었다. 직원들은 경청하는 모습이었다. 고된 노동으로 감기는 눈을 참지 못하는 사람들도 있었다. 다시 택시를 불러 버스를 잡기 좋은 곳으로 나왔다. 1만 원 수준의 식사를 하고 다음 교육 장소로 이동하였다.

같은 날 오후 테마파크 추진 업체를 방문하는 과정에서 택시에 휴대전화를 두고 내리는 소동이 벌어졌다. 낯선 곳에서 순식간에 벌어진 일이라 당황스러웠다. 갈피를 잡을 수 없었다. 관광지의 상인에게 지구대의 위치를 물어 찾아갔더니 택시 기사도 비슷한 생각을 했는지 지구대에 휴대전화를 전달한 상태였다. 테마파크 업체의 강의 시간이 40분 정도 남아 있었다. 근처의 카페를 찾아 여유를 되찾았다. 원고를 한 번 더 보고 업체를 방문하였다. 사장을 비롯해 전 직원이 참여한 토론식 강의를 하게 되었다. 제주도에 테마파크가 들어서게 되면 장애인예술단의 공연 및 미술 전시회 등을 검토하자는 제안받았다. 올해 사업 진척이 이루어져 강의 시점을 조율하고 있다.

강사는 힘들고, 지칠 때가 있다. 법정 장애인 인식개선사업의 경우 1인당 최고 10만 원으로 제한되어 있어 교통비와 식비를 제외하면 수중에 들어오는 강사비만으로는 지속가능성을 담보하기 어렵다. 이럴 때 힘을 주는 것은 교육받은 사업장에서 적극적으로 강사를 챙겨줄 때이다. 서울을지로의 한 사업장에서는 오전 2시간 강의를 하고 점심 식사를 제공하였다. 최고 책임자와 만나 직접 악수도 하였다. 장애인 파트너 강사와 전문 강사들이 이날의 감동을 에너지로 사용하고 있다. 이 사업체에서는 수도권의 다른 사업장 교육담당자도 연결해 추가로 3곳에서 강의를 진행할 수 있었다. 사업장 내의 중견간부가 장애인 인식개선 교육을 온라인으로 시청하지 않고 직접 강의를 듣겠다고 결정하면서 이루어진 일이다. 코로나19가 강사 시장에 큰 변화를 가져왔다. 사업장의 법정 의무교육에 대한 온라인 교육이 늘어나고 있다. 현장 교육을 하는 사례가 줄어들고 있다. 교육 요청이 들어오는 곳도 사장이 법정 의무 교육을 듣지 않아 공단으로 적발당한 뒤 처벌을 면하기 위해 요청해오는 경우가 적지 않다.

강사도 변신해야 한다. 법정 의무 교육뿐 아니라 갈등관리와 커뮤니케이션에 대한 수요가 폭발하고 있다. 〈국민강사교육협회〉에서 강사과정을 이수한 것도 보람이 크다. 연 5조 원 규모에 달하는 갈등관리 비용을 줄이는 일에 강사가 긍정적인 역할을 할 수 있기 때문이다. 갈등관리 비용이 사회적 문제로 대두되고 있다는 사실을 알게 된 뒤 전자책 『감정 어휘 노하우』가 탄생하였다.

초급 1만 원, 중급 2만 원, 고급 20만 원으로 가격을 제시하였다. 첫 독자가 2만 원을 결제하였다. 감정 어휘를 사용하는 스펙트럼이 제한된 자신의 상황을 어떻게 하면 바꿀 수 있는지를 물어왔다. 자기 객관화를 통해 자신의 상황을 관찰하고 정확한 감정 어휘를 사용하면 문제해결이 가능하다고 답변하였다. 글을 쓴다는 것이 쉽지 않다. 책을 내는 일은 즐거운 일이다. 벌써 11명이 책을 샀다. 고급형을 선택하여 사업장에 강사를 초청해 갈등관리 강의를 듣겠다는 요청이 머지않아 올 것으로 기대한다. 갈등관리와 커뮤니케이션 강의는 이미 갈등이 발생한 회사에도 필요하다. 또 갈등 예방을 위해 소통에 적극 나서 생산성을 높이기를 원하는 사업장에도 유효하다는 점에서 강사의 역량을 키울 필요가 있다.

강사는 교육참여자들의 변화를 중시한다. 교육참여자들이 의무적으로 듣는 강의라는 이유로 따분하고 지루해할 때 그들의 태도를 변화시키는 것은 순전히 강사의 역량에 달려 있다. 따분하고 지루한 강의가 아니라 변화를 불러오는 강의가 필요하다. 강사는 끊임없이 배워야 하지만 동시에 번 아웃(burnout)을 경계해야 한다.

실패를 경험으로 일어선 오뚝이 인생

조은연

오뚝이 같은 인생인가요? 맡은 일을 묵묵히 해온 덕분일까요!!! "형수는 전생에 나라를 얼마나 팔아먹었어요?"라며 볼 때마다 안타까워하는 이들이 있었고 지지해 주는 이들이 있었으니 외로운 인생 쓸쓸한 인생을 살지는 않았던 것 같다.

코로나19가 막 시작되었을 때 대구의 '신천지'가 전국을 휩쓸 때였다. 주방의 이모님 한 분이 청도 대남병원을 다녀오셔서 1주일 격리해야 한다고 연락이 왔다. 어제까지 같이 근무하시던 분이었는데 대남병원을 다녀오셨다. 같이 근무하는 다른 직원들의 걱정스러운 목소리에 맞춰 나도 머릿속이 하얘졌다. 한숨도 못 자고 밤새 정답 없는 고민을 하고 하고 또하고 아침에 가게로 나왔다. 출근 전인 직원들에게 전화를 돌렸다. "이모님 가게 문 닫을 겁니다. 코로나19 때문에 무섭습니다." 준혁아. 원빈아. 다들 크게 동요는 하지 않았다. 그 당시에는 가게문을 닫아 직장을 잃는 것보다 코로나19라는 놈이 우리의 삶을 송두리째 지배를 하고 있었던 터이고 대구를 폐쇄시킨다 어쩐다 하는 말이 나올 정도로 심각한 때였다. "예, 그래." 한마디로 상황은 종료되었다.

　17년을 해온 가게를 하루아침에 사전 계획도 없이 방법도 없이 구청에 가서 요식업 허가증을 반납을 하고 말았다. 작은 규모가 아니었던지라 대형 냉동고 두 개 대형 냉장고 하나 주방에 빽빽한 냉장 냉동고에 가득 차 있던 식재료들. 가게 영업허가를 반납하고 나니 어찌해야 할지 아무것도 생각나지 않았다. "앞만 보고 달려왔는가? 무엇 때문에 이렇게 살았던가?"라고 물으면 그냥 하루하루 나에게 주어진 시간 최선을 다해서 살았노라 답하고 싶다. 앞날을 바라보고 미래를 위해서라는 말은 그 당시에는 사치에 불과했으니까.

　허리 고장으로 병원 입원, 어깨 고장으로 수술, 계속 병원행이다. 계속 이어지는 재활치료, 병원 직원들이 모르는 직원이 없을 정도로 병원을 내 집처럼 다녔다. 지금은 많이 좋아졌지만 완전치는 않은 것 같다. 그리고 시간 날 때마다 그동안 다니지 못했던 여행도 다녔다. 코로나19여서 관광지에 사람들도 없었고 우리도 최대한 접촉을 피하면서 다녔던 것이었다. 그러다가 문득 좀 배워보자. 나의 학력이 고졸이었지! 캠퍼스의 낭만 대학 공부라는 것도 한번 해보자는 생각이 떠올랐다.

　대면 수업은 거의 이루어지지 않는 시기라서 영진사이버대학을 택했다. 입학 2년 동안 학우들의 얼굴은 두 번 정도의 대면으로만 이루어졌지만 안○○ 교수님의 친절한 지도로 이제 나도 전문 학사로 사회복지사 자격증을 가질 수 있겠다는 희망도 생기고 목표도 생겼다.

사회복지사로서 내가 할 일은 무엇이 있을까? 막연히 생각을 하던 중에 눈에 들어온 대구공업대 평생교육원 문화 수강생 모집 현수막!! 그래 뭐라도 한번 배워보려고 나를 위해서 찾아간 평생교육원에서 장구와 난타 요가에 등록을 했다. 시간도 많이 활용할 수 있던 때라 월요일, 화요일, 목요일 일주일 3일 1시간씩 생전 처음으로 나만을 위한 시간과 돈을 투자를 하였다.

장구와 난타를 가르치시던 정○○ 선생님을 만나서 강사라는 직업이 있구나 알게 되었고 그 세계는 어떤 세계일까? 하고 물음표를 던지게 되었다. 하지만 두 달 후 주간보호 센터를 개원하신다고 평생교육원을 그만두셨다. 강사라는 세계가 어떤 것인지 알려주지도 않고 떠나버린 선생님!! 하지만 후임으로 오신 이연주 선생님께서 대구 강사 양성과정 교육원인 미래 인재교육원의 대구 지부장으로 활동하고 계셨던 것이었다.

문화센터도 결석 없이 열심히 다녔다. 코로나19로 대면에 아닌 비대면으로 자격증 과정이 열린다는 것을 알려 주었고 그때부터 자격증 사냥에 나섰다. 요일마다 진행되는 자격증 과정, 1주일에 4시간 과정으로 3개월 간 이루어졌다. 2021년 7월부터 시작된 레크리에이션 지도사를 필두로 실버 관련 자격증부터 인권, 음악, 국악 등등 수없이 많은 자격증을 취득하였지만 활용을 많이 못 하고 있었다.

미래 인재교육원의 대표님께서 이제 교육을 그만 받으라고 할 정도였으니 얼마나 많이 했는지… 하하하하.

코로나가 조금 완화되었을 때 소개받은 문화 교육 창작소 윤○○ 대표님의 교육원을 통해서 주간보호센터에 정기적으로 나가게 되었다. 매주 1시간씩 인지 놀이 등을 주제로 어르신들과의 소통이 시작되었다. 처음에는 일주일에 두 번으로 나가다가 하루에 오전 오후 두 군데씩으로 점점 늘어나고 있었다. "아이고, 조은연 왔네."라며 반겨주시는 어르신들!! 모두 건강하시고 행복하시길 다시 한번 두 손 모아 진심으로 빌어 드린다. 고향이 같다고 두 손 꼬옥 잡아주시고, 성이 같다고 어깨를 토닥여주시던 어르신들이 눈에 선하다. 그러나 다시 코로나로 수업은 중단되고 3개월 현장의 강사 생활도 끝이 났다. 언제 다시 시작될지 모르지만 격려해 주시면서 앞에서 이끌어 주시는 이연주 선생님이 계셨고 이곳저곳 오픈방을 소개도 해 주셨다. 그때 알게 된 〈국민강사교육협회〉 재교육을 계속 시켜준다는 소문에 그것도 공짜로. 자격증 과정에 들어가 공부도 하고 그때부터 시작된 꾸준한 재교육 멋지다가 연발이 되고 있었다.

어느 날 감당도 못하게 불어난 빚 때문에 식당이라는 업을 하면서 사장님도 되어보았다. 갑자기 그만둔 가게 덕분에 전문 학사 졸업이라는 학력도 가지게 되었고 지금은 학사 졸업을 위해 또 3학년 과정에 편입해서 공부를 하고 있다. 학사 졸업 다음은 또 갈 길이 있을 거라 생각한다.

꼼짝도 못 하던 내가 여행도 하게 되고 모든 이의 교류를 꽁꽁 묶어버렸던 코로나19라는 녀석 때문에 나는 더 많은 인연들과의 소중한 만남을 지금도 이어나가고 있다.

위기가 있으면 더 한발 내디딜 수 있는 기회는 분명히 온다는 것을 삶을 뒤돌아보면서 다시 한번 깨닫는다. 그 기회가 왔을 때 잡으려면 준비는 항상 되어야 한다고 지금도 컴퓨터 앞에 앉아 있는 나를 바라본다.

오프라 윈프리는 "실패란 없습니다. 실패는 단지 우리의 삶을 다른 방향으로 돌리려는 것입니다. 구렁텅이에 빠졌을 땐 잠시 우울해도 괜찮습니다. 자신에게 슬퍼할 시간을 주세요. 그 모든 실수에서 배우세요. 모든 경험, 특히 실수는 당신을 가르쳐서 더욱더 당신 자신이 되도록 하게 하기 때문입니다."라고 말했다. 나는 오프라 윈프리를 존경한다. 그 많은 시련 속에서도 이렇게 당당하게 일어선 오뚝이 같은 그의 뚝심과 지난 세월을 모두 인정하고 극복한 그 당당한 모습을 너무나 좋아한다. 젊은 이들과 소통할 때는 꼭 오프라 윈프리의 영상을 보여준다.

살아가면서 위기는 분명히 온다. 그것을 어떻게 극복하느냐가 스스로에 주어진 숙제다. 우리의 마음속에는 아직 발견하지 못한 재능과 회복 탄력성을 가지고 있다. 그것을 어떻게 끄집어내어 내면에 있는 인내를 통해 용기를 내느냐에 따라서 오뚝이처럼 일어서느냐 아니면 주저앉느냐가 달려 있다고 본다.

내가 빚에 허덕이고 힘들었을 때 나는 내가 처한 처지를 그 누구에게도 원망도 나 스스로 비관도 하지 않았다. 그저 담담히 받아들였다. 그 처한 상황에서 도망가려 하지 않고 인정했다. '인정'을 하지 않았으면 오늘날의 조은연은 없을 것이다. 그 당시 이혼하였거나 비관하여 다른 삶을 살든지 명을 달리하였을지도 모른다.

너무나 변한 생활에 다툼도 많았고 울기도 많이 울었다. 우울하기도 했었다. 아닌 척, 괜찮은 척 하지 않고 있는 그대로 받아들인 결과가 지금 순간의 삶을 만들었다.

과연 내가 해낼 수 있을까를 고민하기보단 한번 해보자는 뚝심이 나에게도 있는 것 같다. 그 뚝심으로 뭐든지 시작이란 것을 두려워하지 않는 도전정신도 분명히 있다. 위기를 기회로 만들기에는 너무나 큰 고통이 따른다. 그 고통을 어떻게 내 것으로 인정하고 보듬으면서 안고 살아가느냐에 따라서, 그 위기라는 실패를 디딤돌 삼아 성공이라는 환한 희망을 맞이할 수 있을 것이다.

실패는 다시 살아가는 경험임을 늘 되뇌면서 좌절하고 힘들 때 나를 다시 일으켜 세워준 힘이 아닌가 생각한다. 다시 일어설 수 있도록 옆에서 많이 응원하고 기다려 주는 모든 이에게 이 글을 빌려 감사한 마음을 전해본다.

3부

강진희   권미숙   김경우   박심연   유미인

잊지 못할
순간들

이서윤   정순옥   정종관   정창교   조은연

강사가 되길 참 잘했다

강진희

강사 생활을 시작하고 얼마 지나지 않을 즈음, 치매 어르신들 전래놀이 수업 의뢰가 들어왔다. 전래놀이 수업은 학생들과 해본 수업이 전부여서 덜컥 겁부터 났다. 그래도 강사라는 일을 처음 시작해보면 누군가는 나의 첫 대상자가 될 것이 아닌가 하는 생각에 일단 수락부터 했다. 그리고 하나둘 공부를 시작했다. 치매 어르신들 특성은 뭔지. 나와 함께 수업하실 어르신들의 치매 성향은 어떤지. 나이는 몇 살인지. 고민하고 공부하면서 일단 강의 계획서 10회기를 보내드렸다. 담당자님이 바로 연락을 주셨다. 이걸 다 하실 수 있겠냐고 말이다. 옆에서 선생님과 제가 조금씩 도와드린다면 가능하다고 말했다. 요즘은 키트가 잘 나오니 함께 해보자고 큰소리부터 쳤던 기억이 있다.

그땐 어디서 나오는 자신감일까? 초보 강사인 걸 티 내지 않으려고 그랬던 걸까. 지금 생각해보면 웃음부터 나온다. 그렇게 첫날의 수업이 시작되었다. 치매 어르신들이라고 하셔서 내가 너무 긴장한 탓일까? 목소리가 떨리기 시작했다. 옛날 생각 나라고 나를 강냉이 강사라고 소개했다. 아주 어릴 적부터 드셨던 간식의 힘이었을까. 나를 쉽게 기억해주신다. 그리고 내가 생각했던 거 이상으로 어른들의 반응이 좋았다. 그건 아무래도 음악의 힘이 아니었을까 생각한다. 난 원래 평소에는 트로트 음악을 별로 좋아하지 않는다. 하지만 어르신들을 만나러 가는 차 안에서 노래 한 곡을 외웠다. 아주 쉬운 율동과 함께. 그렇게 준비해서 만나는 어르신들이 나를 기억해주고 기다려준다. 담당 선생님께서도 신기해할 정도다. 나를 강냉이 강사라고 기억하시는 거 자체가 대단하다고 말씀해주셨다.

기분이 좋아졌고 어깨춤이 절로 났다. 전래놀이 수업을 많이 좋아해주고 기다려 준 덕분에, 원래 10회 예정되어 있던 수업을 10회 더 연장하게 되었다. 어찌 보면 큰일이 아닐 수도 있겠지만, 초보 강사였던 나에게 관공서 수업하게 된 것도 행운이지만, 수업을 연장하게 된 일 또한 행운이었다.

수업을 하던 중 코로나19로 인해 어르신들과의 수업이 전면 중지되었다. 뵙고 싶었던 얼굴들을 하나둘 볼 수 없게 된 일 또한 아쉬운 기억으로 남아 있다. 그렇게 시간이 흘러 코로나19도 어느 정도 종식이 될 무렵이었다. 학교 마을 교사 수업 의뢰가 들어왔다. 초등학교 3학년에서 4학년 친구들과 함께 노는 전래놀이 수업이었다. 물론 학교 수업이라 마스크를 끼고 해야 하는 수업이었다. 말도 많이 해야 한다. 초등학교 친구들은 생각보다 수업에 집중하기 힘들어서 하루에 4시간을 해야 하는 부담감도 없지는 않았다. 그래도 의뢰 들어온 수업을 안 할 수는 없었다. 5회 프로그램을 짜야 하는데 학교 수업이다 보니 재료비도 넉넉하지 않다. 그래서 더 많이 고민했다. 재료비를 많이 들이지 않고 할 수 있는 수업으로 계획안을 짜서 선생님께 보내드렸더니 오케이 사인이 떨어졌다. 아이들을 만날 생각을 하니 설레기도 하고 걱정이 되기도 하였다. 누구나 그렇듯이 강의 준비는 언제나 최선을 다해 준비한다. 그 진심이 통하는 날은 강의가 잘 마무리되는 날이다. 그렇지 못한 날도 수없이 많다.

친구들을 처음 만나러 가는 날, 가벼운 마음으로 학교에 갔다. 인사를 마치고 수업을 시작하는데 아뿔싸! 생각하지도 못한 난관에 부딪히게 되었다. 친구들의 수업 집중도를 전혀 고려하지 못하고 수업계획안을 준비한 것이었다. 그래도 아이들과 머리를 맞대어 하나둘씩 준비해간 것을 해결해 나갔다. 아이들 얼굴에도 웃음이 번지기 시작했다. 준비하면서 힘들었던 것들이 하나둘 해소되는 느낌이었다. 그렇게 5주간의 수업이 끝나는 날 아이들에게서 깨알 같은 손 편지를 받게 되었다. 함께 웃으며 지냈던 5주간 시간이 우리 아이들에게도, 나에게도 잊지 못할 순간인 건 마찬가지였다. 어떤 친구들은 헤어짐의 시간이 아쉬워 눈물을 보여주는 친구도 있었고 고사리 같은 손으로 예쁜 꽃을 접어준 친구도 있었다. 용돈을 아껴서 사 왔다면서 초콜릿을 전해주고 가는 친구들, 마지막 수업 도구를 정리하는 내 옆에서 말없이 짐을 함께 정리해주었던 친구들까지 너무 감사한 시간을 보낸 강의였다.

강의 평가가 끝나고 담당 선생님께서 전화를 주셨다. 너무 열정적으로 아이들을 위해 준비해주시고 고민해주셔서 감사드린다고 했다. 내년에도 이런 프로그램이 있다면 다시 선생님 뵙고 싶다고 친구들이 많이 기다린다면서 마지막 통화를 그렇게 마쳤던 강의도 있었다.

시간이 흐르고 작년 마을 교사 수업의 담당 선생님이 올해도 전화를 주셔서 다시 수업을 나가게 되었다. 작년에 만났던 친구들을 다시 만나기도 했고, 새로운 3학년 친구들과도 수업했지만 내가 다시 수업을 온 것을 알고 쉬는 시간에 달려와 준 5학년 친구들도 고마운 나의 어린 제자들이다. 어떻게 보면 한번 그냥 지나칠 강사라 여기면 그만이겠지만 기억해주고 찾아와준 어린 친구들에게 이 글을 빌려 감사하다고 전하고 싶다. 올해는 다른 학교 소개도 해주셔서 새로운 학교 프로그램을 진행하게 되는 행운을 가지기도 했다.

가만히 생각해보면, 기억에 남는 강의는 내가 진심을 담았던 경우가 많다. 물론 다른 강의도 최선을 다했지만, 마음을 내어주는 사람은 기억에 오래 남는다. 기억하는 가장 좋은 방법은 감동하는 거라고 했다. 내 마음이 진짜일 때 비로소 함께한 시간은 감동으로 다가온다. 결국 그 시간이 오래 기억되는 법이다. 우리는 살면서 매 순간에 얼마나 진심인지 생각해 볼 필요가 있다. 적어도 삶의 끝자락에서 기억에 남는 순간이 하나도 없다면, 너무 슬프지 않을까. 돈이 많은 마지막은 무슨 소용이 있을까. 돈이 소중하지 않다는 의미는 아니지만, 적어도 죽는 그 순간에 떠올릴 수 있는 사람과 추억이 많다면 잘 산 게 아닐까 생각한다. 매 순간 진심이면 된다. 적어도 그 시간이 나의 인생이 되고, 역사가 된다.

거목을 만들기 위한 자양분

권미숙

강사의 역할은 정보를 공유하고 공감을 만들고 성장을 돕는 것이며 더불어 성장하는 것이다. 강사 생활에 빠져든 시점부터 지금까지 매 순간을 잊을 수가 없다. 왜냐하면, 강사라는 직분으로서의 나는 막 걸음을 뗀 아이와 같기 때문이다. 따지고 보면 강의를 진행한 경험이 그다지 많지 않다. 그럼에도 불구하고 작은 경험을 이야기할 수 있다는 것이 감사할 따름이다. 그리고 잊지 못할 순간들은 거목을 만들기 위한 자양분이 된다는 것을 기억해 주기 바란다.

잊지 못할 첫 번째 이야기를 해보려고 한다.

국민건강보험공단에서 산재 근로자의 자아효능감 향상과 구직 효능감 증진을 위한 프로그램을 운영하는 위촉강사로 활동하였다. 이 교육은 산재로 인한 근로자에게 희망을 찾아주는 심리 재활 프로그램이다. 긍정화 훈련과 행동 가치 강점 검사를 활용한 강점 찾기와 자원을 활용하고 인식함으로 미래를 준비한다. 산재근로자를 위한 희망 찾기 강사로 거제. 통영지역 병원에서 대상자들을 만났다. 6회기에 걸쳐 진행되는 것으로 1주일에 3회 2시간씩 2주에 걸쳐서 진행되었다. 첫 회기를 진행한 통영병원에서의 산재 근로자와의 만남은 아직도 눈에 선하다. 모집된 대상자분들은 성인 남성으로 이 프로그램에 참여하는 교육생들의 대부분은 얼굴이 붉으락푸르락하였다. 왜냐하면, 치료 과정이나 보상 문제 그리고 원 직장으로 복귀할 것인지 새로운 구직활동으로 미래를 열 것인지가 그들이 풀어야 할 과제이기 때문이다.

만약 내가 그 입장이라면 마찬가지일 것이다. 어느 날 갑자기 사고로 트라우마가 생겨나고 치료 기간이 길어짐에 따라 경제적인 압박을 느끼게 될 것이다. 끊이지 않는 통증과 미래에 대한 불안감으로 잠도 이루지 못할 것이다. 그때 만난 그분이 그랬다. 공사현장에서 철거작업을 하시던 분이었다. 다른 작업자 대신 철거작업을 하던 중 사고가 발생했다고 한다. 그만 벽이 자신을 덮친 것이다. 그 당시 사람들은 그가 죽었을 거라고 했다. 그런데 기적적으로 살아났다. 얼굴을 비롯하여 온몸을 20여 차례의 수술을 하게 되었고 심리 재활 프로그램인 희망 찾기에 참여했을 당시에는 목발을 짚고 들어왔다. 그는 스스로에 대한 불평과 원망이 입을 열 때마다 흘러나왔다. 차라리 그때 죽어버렸으면 좋았을 것이라는 말로 다른 교육생들과의 대화도 위태로웠다. 그래도 다행인 것은 교육시간에 늦게 도착하였지만 6회기 내내 결석을 하지 않았다는 사실이다. 회기를 더할수록 조금씩 변화가 보였다. 참여한 교육생분들과의 대화 방식도 변했고 마지막 날에는 미래의 계획과 감사하다는 말도 서슴지 않았다. 그리고 참여한 교육생분들에게 형님이라고 부르며 친근함을 표현하기도 하였다.

특별히 심리재활 프로그램인 희망 찾기는 회기마다 많은 감동을 주었다. 일그러진 첫인상의 교육생들이 활기를 되찾고 눈을 마주 보는 것이다. 비슷한 환경 속에 놓인 그들은 서로에게 위로를 주기도 한다. 각자의 경험 속에서 원하는 답을 찾고 미래를 계획한다. 첫 대면부터 교육에 대한 거부감을 보였던 분들은 회기를 더할수록 표정이 밝아지고 마지막 날은 아쉬워한다. 그리고 산업재해 피해로 어려움을 겪고 있는 많은 근로자가 교육의 혜택을 보았으면 좋겠다는 말을 소감으로 남기는 교육생이 대부분이다. 그들의 표정, 몸짓, 말에서 진심이 우러나온다.

모든 강사가 그렇겠지만 강의를 준비하는 과정도 최선을 다한다. 그래서 간식을 준비할 때도 시간이 많이 필요하다. 그런 사소한 것에 왜 신경을 쓰냐고 할지도 모른다. 하지만 가족에게 대접하는 것처럼 신중하게 선택해서 준비했더니 대부분의 교육생은 감동을 하였다. 회기마다 집중하여 교육 2시간 전에는 문자로 교육시간을 알리며 참여를 도왔다. 1시간 전에는 도착하여 모든 준비를 마치고 쌀쌀한 날에는 보온 물통에 따뜻한 국화차를 준비하여 기다리고 더운 날에는 얼음을 넣은 시원한 물을 준비하였다. 그랬더니 일찍 오는 교육생이 있는가 하면 강의를 마친 후에도 잠시 머물다 가기도 했다. 이렇게 준비에 진심을 다한 이유는 그들에게 혼자가 아니라는 것을 알려주고 싶었기 때문이었다. 심리 재활 프로그램인 희망 찾기는 진심을 다할 때 대상자들로부터 좋은 피드백이 나온다는 것을 새삼 알게 했다. 참여한 교육생들을 통하여 생각이 더 성숙해졌다. 그리고 작은 일에도 감사하는 일들이 많아져서 삶은 풍성해졌다.

잊지 못할 두 번째 이야기가 있다.

〈일자리경제원〉에서 중장년을 위한 치료레크리에이션 자격과정에서 13가지 레크리에이션유형 활동접근법의 실제에 대해 알아보고 그중에서 공예를 진행하게 되었다. 고인이 되신 김진락 교수님은 새내기 강사인 내게 좋은 기회를 주셨다. 2시간 동안 진행되는 강의로 만드는 것에 치중하지 않고 즐거움과 의미를 찾아보는 활동을 계획하였다. 강사를 꿈꾸는 교육생들에게 도입부 활동을 몇 가지 소개했다. 자연친화적인 분위기 연출과 정서적 안정감을 주는 스칸디아모스를 활용한 액자를 만들었다. 스칸디나비아반도 고산지대에서만 자라는 이끼에 천연 미네랄로 염색한 소재를 신기하게 여겼다. 나는 피카소라는 주제를 교육생들과 찾아내고 의미 부여를 했다. 강사와 장단을 어찌나 잘 맞추었던지 적극적이었던 교육생들을 잊을 수가 없다.

치료 레크리에이션 자격과정이 끝나갈 무렵 한 통의 전화가 왔다. 놀랍게도 다시 듣고 싶은 강사로 뽑혔단다. 너무 기뻐서 말로 표현하기도 어려웠다. 그리고 교육생들은 동아리 활동을 하면서 강의 의뢰를 하였다. 그런데 뜻대로 잘 진행되지는 않았다. 시간 조율이 어려웠기 때문이다. 몇 번의 우여곡절 끝에 드디어 함께할 수 있었다. 스칸디아모스 활용 두 번째 강의였다. 비전(vision) 나무 만들기로 첫 번째 강의 때와 마찬가지로 특별한 의미를 부여하는 작업을 진행하였다. 성공적이었다. 동아리 총무님은 "안 들었으면 어쩔 뻔했어."라고 내 등을 툭툭치며 말했다. 얼마나 감격스러웠던지 아직도 뇌리에 그 목소리가 살아 있다. 그리고 지금은 다시 듣고 싶은 말, 힘이 되는 말로 기억 속에 저장되었다.

두 번째 강의에서도 역시 진심은 통한다고 생각했다. 교육생들에게 무엇이 필요한지를 고민하고 듣고 싶은 이야기가 무엇일까를 고민했다. 사실 나는 공예 자격증을 가지고 있는 것도 아니다. 그리고 만들기는 누구나 할 수 있다. 그러므로 만드는 것에 중점을 둔 것이 아니라 그들이 듣고 싶은 것에 더 치중하여 정성을 다하였다.

항상 좋은 평가와 만족한 상황이 있었던 것은 아니다. 잊지 못할 강의 세 번째는 실패한 경험에 대한 이야기다. 강의를 준비할 때는 언제나 세심하게 살폈다. 그래서인지 한 기관에서 강의 의뢰가 연속적으로 들어왔다. 그리고 당연히 잘해낼 것이라고 생각했다. 참여 인원이 300여 명이라고 했다. 지금껏 그렇게 많은 인원 앞에서 강의를 해본 경험이 없었다. 장소를 예상하지 못하였고 2층으로 이루어진 천정이 높은 공간에서 마이크를 떠난 목소리는 울림으로 돌아왔다. 소통이 되지 않았다. 평소 질문을 좋아하는 나는 답이 돌아와도 알아들을 수가 없었다. 무대가 너무 멀어서 손유희로 준비한 활동은 어르신들의 눈에 보였을지 의문이었다. 순간 당황했다. 그리고 당황함이 현장에 전달됨이 느껴졌다. '망했구나.' 라고 생각하였지만 평정심을 되찾고 강의를 무사히 마무리했다. 그때를 생각하면 지금도 아찔하다. 상황과 개인의 성향에 따라 다르지만 다양한 연구에서 보면 부정적인 경험은 긍정적인 경험보다 2~3배나 더 오래 기억된다고 한다. 이 경험은 세상에 준비하지 않고 노력하지 않아도 되는 일은 없다는 것을 알게 했다. 이후로 강의 현장에 출동할 때는 몇 번이고 확인해야 하는 버릇이 생겼다.

강사는 무대를 내려오는 순간 누구보다도 오늘 강의가 어떠했는지를 잘 안다.

때론 천하를 다 얻은 것 같은 행복감을 주기도 하고 가끔은 쥐구멍에라도 들어가고 싶기도 하다. 그렇지만 모든 경험은 필요하다. 이런 것들이 쌓여서 어떤 어려움도 피할 수 있는 요지부동하는 강사를 만들기 때문이다. 엘리너 루스벨트는 미래는 자신이 가진 꿈의 아름다움을 믿는 자의 것이라고 말했다. 특히 미래를 향한 아름다운 꿈을 가진 우리는 결코 쥐구멍에 들어가는 것은 용납하지 말자. 당당히 맞서고 그 상황이 미래를 향한 디딤돌이라는 것을 잊지 말자.

단점이 장점으로 바뀌는 역전 드라마

김경우

면허를 따자마자 운전했다. 덕분에 장롱면허는 면했다. 베테랑 운전사도 어려워하는 눈길 운전이 있다. 강사 활동도 눈길 운전과 같다. 10여 년을 넘게 강사 활동하고 있지만 항상 초보다. 교육을 가는 곳마다 분위기는 다 다르다. 팔색조 같은 다양한 경험들이 기다린다.

가장 기억에 남는 첫 번째는 배를 타고 왕복 4시간이 걸리는 섬 학교 교육이었다. 그것도 1박 2일이었다. 교육 일정에 맞춰 날짜를 비워두었다. 당연히 그날 교육을 갈 줄 알았다. 동이 트기 전까지는…. 날씨가 변덕을 부려 배가 출항하지 못했다. 장마로 비바람이 불고 파도가 높아 배편이 취소되었다. 배편이 취소되는 김에 학교 교육도 취소될 수 있겠다는 생각이 들었다.

섬에서 태어나 섬이 육지가 될 때까지 10여 년을 살았다. 나룻배를 타고 다녔던 기억이 있다. 파도가 높으면 나룻배가 많이 출렁거린다. 그럴 때면 으레 뱃멀미가 심했다. 멀미해 본 사람은 다 안다. 속이 메스껍고 머리도 아프고 식은땀도 난다. 그런 기억에 한편으로는 살짝 취소되기를 바라는 마음도 없지 않았다. 그러나 그런 나의 속마음도 모른 채 학교 일정이 다시 잡히고 날씨도 좋아졌다. 걱정스러움을 뒤로하고 결국 여객선은 나를 끌고 가 섬에다 던져 버렸다. 그나마 멀미를 안 한 것이 다행이었다. 학교에 도착했다. 운동장은 손바닥만 하고, 교실 건물도 미니어처 같이 작고 예뻤다. 전교생이 12명으로 학교만큼이나 아담했다.

나도 섬에서 초등학교에 다녔었다. 이곳과 비슷하게 전교생이 13명이었다. 한번은 뭍에서 치과 선생님이 오셨는데 그렇게 좋을 수가 없었다. 치아를 빼는 건 무서운데, 치아를 빼고 나면 선물도 주시고, 사탕도 주셨다. 입안 가득 새콤달콤함이 맴도는 노란색 레몬 사탕이었다. 지금도 그 맛을 잊을 수가 없다. 기분 좋았던 내 어린 시절과 겹치면서 학생들과 즐겁게 놀아보고 싶어졌다.

1박 2일에 걸쳐 여러 활동들을 했다. 다음날은 학생들과 모둠 퀴즈도 하고 기회비용 게임도 했다. 기회비용 게임은 갖고 싶은 것을 선택 후 하나씩 버리는 게임이다. 가상인데도 학생들은 하나 버릴 때마다 많은 고민과 아쉬움에 소리를 질렀다. 학생들의 순수함이 엿보였다. 전교생이 함께하는 교육이라 당연히 학년 간 차이가 있을 수 있다. 그러다 보니 학교 선생님의 걱정은 이만저만이 아니었다. 체험하는 내내 교실 맨 뒤에서 학생들의 활동을 보던 선생님의 얼굴에서 서서히 걱정이 달아나고 있었다. 이 분위기를 끌어올려 학생들과 장난감 과일과 채소를 이용해 시장 놀이를 이어갔다. 물건구매 후 영수증을 이용해 부모님들께서 하시는 가계부 작성도 했다. 전날 용돈 기입장 보드게임 활동 덕분에 가계부 작성도 곧잘 했다. 시장 놀이 후 그림 스티커를 이용해 생일상 차리기와 생일 초대 카드도 만들고 발표로 마무리를 지었다. 학생들과 다양한 체험을 하다 보니 1박 2일 일정이 금세 지나갔다. 선생님께서는 도서 지역이라 외부 강사들이 교육 오기를 꺼린다 했다. 이틀 동안 아이들에게 많은 걸 체험하게 해줘서 감사하다며 연신 고마워했다. 과분한 인사를 받으며 교육 취소를 바랐던 내가 한없이 부끄러웠다. 여객선에 올랐다. 섬과 점점 멀어지면서 홀가분한 맘보다 학생들에게 더 많이 잘해줄 걸 하는 아쉬움이 진하게 남았다.

강의 중 가끔은 부담스러운 교육들이 있다. 고등학교 경제동아리 교육이 그렇다. 바로 그 두 번째 이야기다. 동아리 학생들은 학교에서 경제에 대해서 많이 배운다. 당연히 외부 강사가 오면 학교 교육과는 다름을 기대한다. 그날도 그랬다. 20여 명의 학생이 말똥말똥 기대에 찬 눈으로 나를 바라보고 있었다. 기대가 크면 실망이 크다는 걸 살면서 많이 경험했다. 우선 그 기대를 낮추기 위한 작업을 시작했다. "공부는 학교 선생님

하고 하는 것이고요. 저하고는 색다른 것은 경험하면서 노는 거예요."라고 운을 뗐다. 그랬더니 분위기가 유해졌다. 그때 한마디 더, 오늘 하는 교육은 기업에서는 3일간 하는 교육이다. 그런 교육을 우리는 하루도 아닌 2시간에 다 하는 것이다. 그러니 부담 갖지 말고 서로 협동하고 배려하며 즐겁게 놀면서 하자라고.

처음에는 생소함에 머뭇거렸다. 작은 아이디어가 나올 때마다 칭찬해 줬다. 역시 '칭찬은 고래도 춤추게 한다'고 얼마의 시간이 흘렀다. 언제 그랬냐는 듯이 모둠 간 활발한 활동이 이어졌다. 여기저기서 웃음소리가 나며 시끌시끌해졌다. 내심 어떻게 참여를 이끌어야 하나 했던 고민은 쓸데없는 걱정이었다. 2시간 동안 머리를 맞대고 의견을 나누는 모둠들의 모습에서 진지함이 묻어났다. 다양한 결과물을 끌어내고 멋지게 발표도 마쳤다. 교실에 들어오신 선생님도 학생들이 만들어 낸 결과물에 만족하셨다. 교육을 마치고 작성한 설문지들을 보니 뿌듯했다. 새로운 경험이었다. 많은 도움이 되었다. 즐거웠고 시간이 짧았다. 다음에 또 하고 싶다는 후기였다. 마음속에 작은 바람이 있다. 교육 시간에 잠자는 사람이 없기를 교육가면서 항상 기도한다. 이번 동아리 교육이 그랬다. 강사의 자존감이 한껏 올라가는 교육인 동시에 오랫동안 좋은 기억으로 추억될 것이다.

내겐 버리고 싶은 단점이 있다. 큰아들에게 물려주고도 넘쳐나는 이놈의 오지랖. 그렇게만 생각했던 오지랖이 한 사람을 살렸다. 그 세 번째 이야기의 시작은 3년 전의 일이다. A씨 부부가 있었다. 부부는 가게에서 종일 함께 일했다. 함께 일하면 장점도 있지만 단점도 있다. 종일 붙어 있으면 생기는 문제들이 그것이다. 실제로 가까운 사람이 상처를 많이 준다. 종종 순화되지 않은 말들이 남편의 입에서 나왔고 이런 말을 들을 때마다 A씨는 마음의 가시로 박혔다. 그런 남편과 함께 생활하니 속이 답답해지면서 우울증이 생겨 병원에도 다녔다. 급기야는 너무 힘들어서 남편과 떨어져서 일하고 싶어졌다. 이런저런 이야기를 들어 보니 무조건 도와주어야겠다는 마음이 굴뚝같았다. 우선 무엇을 갖추고 있는지 알아보았다. 자격증도 수료증도 이력도 변변한 그 무엇도 없었다. 낙담하는 A씨에게 용기의 말을 했다. 그런 것들이 있으면 좋았겠지만 없어도 괜찮다. 우선 다 필요 없고 열정 하나만 있으면 가능하다고 말했다. A씨는 갈팡질팡 재고 또 재기만 할 뿐 결정을 못 했다. 그러지 말고 우선 일은 벌이고 보라 했다. 한 번, 두 번, 세 번 참관수업에 보조강사로 함께했다. 얼마만큼의 자신감이 올라오는 게 보였다. '백 번 듣는 것보다 한 번 보는 게 낫다'는 말처럼 한번 해보는 게 가장 좋을 것 같았다. 마침 강의할 기회가 주어져 시강했으나 잘하지 못하고 바들바들 떨다 내려왔다. 자신감이 문제였다. 이참에 자신감과 전문성을 키워주기 위해 자격증을 취득하자고 했다. 자격증을 취득한 후에도 연습하고 또 연습했다. 처음엔 남이 써준 글을 읽고 외우다 보니 입에 붙지 않아 자꾸 까먹었다. 결국 다른 방법을 쓰기로 했다. 본인에게 맞는 언어로 바꿔 연습했다. "처음엔 남의 옷을 입은 거 같더니만, 이제야 자기 옷을 입은 거 같다."나 뭐라나. 지금 A씨는 학교에서 열심히 강사로 활동 중이다. 참 열심이다. A씨가 하는 말이 내가 생명의 은인이란다. 평생 잊지 않겠다고 했다. 내가 해준 건 거의 없다. 오지랖 부린 거밖에는.

손재주 있는 사람, 눈썰미 있는 사람이 부럽다. 이 글을 읽는 이들에게 들려주고 싶다. 가지고 있지 못한 것을 부러워 말고, 가지고 있는 것에 감사하자. 내게는 장점인지 단점인지 애매한 3가지가 있다. 초 열정, 초 긍정적인 마음, 마지막 오지랖이다. 넘치면 모자람만 못하다는 말이 있기에 마냥 장점인지 단점인지 애매하게 생각했다. 내가 가지고 있는 애매한 점들이 다른 사람을 살렸다는 게 뿌듯하다. 이 책을 보는 당신, 지금 당장 찾아보길 바란다. 내가 가지고 있는 점은 무엇인지, 그것이 장점이든 단점이든, 하다못해 얼굴에 난 복점이라도.

거침없이 도전하라

박심연

코로나 팬데믹으로 많은 변화가 일어났다. 하지만 모든 것이 우울하고 힘들어지는 것만은 아니었다. 좌절만 하고 있을 수는 없었다. 언제 끝날지 모르는 긴 싸움이기에 이를 극복하기 위해서 한 걸음씩 앞으로 나아가고 변화를 위해 끊임없이 시도하였다. 전 세계적으로 커다란 시련이 닥쳐왔으나 이 어려움을 디딤돌로 삼는 누군가에겐 기회이기도 했다. 닫힌 문을 탓하고 한탄만 한다면 앞으로 나아가기는커녕 퇴보하는 것으로 생각했다. 코로나19로 인해 대면 강의가 어려워졌다.

회사에서는 교육생들에게 효과적으로 교육할 방법을 모색하게 되었다. 신입 교육생들에게 직무 관련 영상교육 자료를 준비해야 한다는 의견은 오래전부터 논의됐었다. 하지만 변화를 두려워했던 강사들은 섣불리 시작하기를 망설였다. 나의 마음 안에서도 많은 갈등이 일어났다. 집합교육, 대면 교육이 전부는 아니다. 강의장에서 교육생들과 호흡을 같이 할 수 없다면 새로운 방식으로 접근해야 한다고 생각했다. 직원들의 직무능력 향상을 위해 구글미트를 이용한 온라인 강의를 시작했다.

신입 교육생은 각 한 명씩 만나 개별적으로 교육을 했다. 많은 시간과 인력이 필요하였고 강사들의 피로도가 매우 높아졌다. 당연히 마스크를 쓰고 만나야 했으니 얼굴을 제대로 볼 수 없었다. 많은 인원에게 전파할 수 있는 영상교육 자료가 필요하게 되었다.

결국은 본사로부터 오더가 내려왔다. 신입 교육생을 위한 서비스교육 자료를 제작하는 일이었다. 처음엔 막막했다. 장소도 장비도 열악한 상황에 영상교육 자료 만들기는 쉬운 일이 아니었다. 하지만 거부할 수 없는 상황이었다. 영상 제작을 시작하기로 했다. 여러 명의 강사가 팀을 이루어 영상교육 자료 만들기를 시작했다. 학창 시절 꿈이 배우였지만 중년의 나이에 영상을 찍는다는 것은 힘든 일이었다. 얼굴이 화끈거리고 목소리는 떨렸다. 표정이 굳어서 마치 감정 없는 로봇 같았다. 전달할 내용의 의미를 잊은 채 너무 빠른 속도로 말을 이어가기도 했다. 여러 차례 대본을 읽어보고 강의 시연을 해본 후에 촬영을 시작했으나 영상 속의 내 모습을 보는 것은 쉽지 않았다. '후배 강사에게 넘길까? 못하겠다고 다른 핑계를 대볼까?' 며칠 동안 갈등하였다. 하지만 포기를 하는 순간 한 발짝도 앞으로 나아갈 수 없다는 생각이 들었다. 후배들에게 뭐든 도전하자고 큰소리쳤던 내 모습과 다른 행동이 부끄러워졌다. 강사가 강의할 수 없는 상황에 낙담만 하고 있다는 것은 영상 속의 어색한 내 모습보다 더 부끄러운 일이라고 생각했다. 마음을 단단히 하고 교안 수정과 촬영에 열심히 참여했다. 그렇게 영상자료가 하나씩 만들어졌다. 어떤 자료는 서울 경기권 교육생에게 교육자료로 활용하게 되었고, 어떤 자료는 전국의 교육생들이 이용하게 되었다.

퇴직 후 새로운 강의를 시작하게 되었을 때 일이다. 대학생 대상의 입사지원서 작성법과 면접 및 진로 설정에 관한 취업 강의였다. 내가 취업 강의를 나가던 S 대학에서 만났던 학생 중 많은 학생이 꿈을 꾸지 않거나 뚜렷한 목표가 없이 학교에 나오고 있었다. 그런 학생들을 보면 몹시도 안타까운 마음이 들었다. 사회복지과 강의가 있는 날이었다. 교수님의 요청으로 여러 차례 반복 강의를 진행했던 반이었다. 강의장에 들어가면 다른 학생들과는 다르게 항상 강의장의 가장 가운데 앞자리를 차지하고 앉아서 강의를 듣던 남학생이었다. 훤칠한 키에 반듯한 자세가 인상적이었다. 마스크를 쓴 얼굴에서 또렷한 눈빛을 보았다. 강의 내내 나와의 아이 콘택트를 놓치지 않으려는 듯 연신 고개를 끄덕였다. 나는 그 학생이 사회복지과를 지원하여 공부하고 있으니 당연히 사회복지 관련 업무를 하고 싶을 것이라 짐작했다. 강의에 집중하지 않는 학생들에게 환기를 시키고자 그 학생에게 당연한 답변을 예상하며 질문을 하였다. "진우 학생의 꿈은 뭐예요?"라고, 잠시 친구들의 눈치를 보는 듯하였다. 이내 "제 꿈은 파일럿이 되는 것입니다."라고 대답했다. 의외의 답변이었다. 그 학생의 꿈과 지금 다니고 있는 학과는 누가 보아도 관련성이 없어 보였다. 의외의 답변에 사연이 궁금해졌다. 나는 다시 질문을 하였다. 자신의 꿈을 이루기 위해 어떤 목표를 세우고 있고 무엇을 준비하고 있냐고. 체력을 키우기 위해 매일운동을 하며 토익점수 900점 이상을 받기 위해 영어 공부를 한다고 했다. 봉사점수도 필요하여 봉사 활동도 하고 있다며 자신에 찬 목소리로 답변하였다. 조금은 엉뚱하다고 느꼈으나 다른 학생들 앞에서 당당하게 자신의 꿈을 말할 수 있는 모습이 대견해 보였다. 진심으로 느껴졌다. 진우 학생의 꿈을 격려해 주었다.

며칠이 지나서 그 학생에게 전화가 걸려 왔다. 진로상담을 요청한다는 전화였다. 자신이 원하는 꿈을 이루기 위해 구체적인 계획과 정보에 대해 다시 점검하고 싶다고 했다. 상담 일정을 잡고 며칠 후 만나게 되었다. 예상대로 약속 시간에 맞춰 방문했다. 숨이 턱에 차 있었지만 반듯한 모습은 변함이 없었다. 책상 앞에 마주하자 자신의 이야기를 풀어놓기 시작했다. 봉사 활동으로 같은 반 장애인 학우의 도우미를 하고 있다고 했다. 그 친구의 하교를 도와주다가 시간이 늦어져 헐레벌떡 뛰어왔다고 했다. 강의 시간에 말했던 것처럼 봉사 활동도 꾸준히 하고 있었다. 파일럿이 되고 싶은 꿈을 가졌는데 어떻게 사회복지과를 지망하게 되었는지를 물었다. 진우 학생의 부모님은 아들이 파일럿이 되는 것을 반대하셨다. 아들이 안전하고 평범한 삶을 살아가기를 희망하셨다고 했다. 부모님의 뜻에 따라 사회복지과에 진학하게 되었다. 부모님이 원하신 사회복지과를 졸업한 후 다시 자신이 꿈을 위해 진학할 계획을 하고 있었다. 미국 유학도 계획하고 있다고 했다. 자신의 꿈과 부모님의 바람 사이에서 부딪히는 벽이 있었으나 그 친구는 꿈을 잃지 않고 자신의 꿈을 끊임없이 동기화시키고 있었다. 강의 시간에 나의 질문이 기쁘고 신이 났다고 했다. 어쩌면 포기해 버릴 수도 있는 힘든 상황이었을지도 모른다. 그 순간 자신의 꿈을 누군가에게 명확하게 말할 수 있는 용기를 응원해주었다.

학창 시절 연극배우가 되고 싶어 했던 나의 꿈을 막으셨던 아버지도 그런 마음이셨을까? 자식의 불투명한 미래를 걱정하고, 안정적인 삶을 살기를 소망하는 대다수의 부모님 마음과 같았을까? 나는 그 당시 아버지의 반대가 원망스러웠다. 그런 아버지에게 반항했다. 그냥 꿈을 포기해버렸다. 하지만 내가 만난 진우 학생은 달랐다. 부모님을 설득하기 어려웠기에 부모님과의 타협을 선택했고 다른 방법으로 자신의 꿈을 이루려 노력하고 있었다. 소망이 간절했기에 돌아가는 길이라도 선택한 것이다.

자신이 가진 꿈을 포기하지 않고 닫힌 문을 열고 나아갈 기회라고 생각하는 대견한 학생이었다.

직장에서 하는 일이 생활의 전부였고, 그렇게 20여 년을 앞만 보고 달려왔었다. 그러던 중에 희망퇴직을 선택했다. 나의 딸은 이제는 엄마가 해보고 싶었던 일을 하라며 응원해주었다. 퇴직을 앞둔 일주일 전쯤 딸아이로부터 문자메시지가 왔다. K문화재단에서 시행하는 문화행사에 대한 안내였다. 그 행사 중 패션쇼에 함께 할 시니어 모델을 모집한다는 공고가 있었다. 어릴 적 꿈인 연극무대를 대신하여 시니어 모델에 도전하기로 했다. 매력적인 일이라 생각했다. 잠시 망설였으나 모델 모집에 지원했다. 차가운 벽에 기대어 자세를 세우는 훈련부터 시작했다. 10cm가 넘는 킬힐을 신고 워킹을 연습했다. 다리가 후들거리고 걸음이 꼬였다. 발목도 삐걱거렸다. 연습 시간이 더해질수록 목각인형처럼 뻣뻣했던 걸음걸이가 우아함을 더해갔다. 드디어 패션쇼가 시작되었다. 유럽의 공작부인이 되어 화려한 조명과 웅장한 음악을 따라 런웨이를 걸었다. 새롭고 짜릿한 경험이었고 멋진 도전이라 생각했다. 인생 2막을 시작하면서 또 새로운 꿈을 꾸었다. 자신감이 생겼다.

국제적 슈퍼모델이자 세계적 부호인 일론 머스크의 어머니 메이 머스크는 그의 저서 『여자는 계획을 세운다』에서 "위험하게 그리고 신중하게 새로운 일에 거침없이 도전하고 예상되는 위험에는 대비하라." 하였다. 예측되는 것에는 계획을 세우고 예기치 못한 것에는 준비를 갖추라는 의미이다. 살아가면서 마주하는 모든 일은 예측하기 어렵거나 예상하지 못한 변수들이 작용한다. 간혹 자신의 꿈이 왜곡되고 폄하되는 경우를 만나기도 한다. 누구에게는 사력을 다하는 일이지만 또 다른 누군가에게는 의미 없는 일이 될 수도 있다. 그럴지언정 용기를 가지고 도전해 보기를 바란다.

경험이 스펙이다

유미인

경험이 스펙이다. 우리가 매일 마주하는 일상의 작은 슬픔과 기쁨, 아픔과 즐거움이 우리의 인생을 탄탄하게 완성 시켜 주는 경험 일부이다. 데일 카네기는 이렇게 말했다. "현명한 이에게는 매일이 새로운 인생이다."

행복하고 좋았던 순간만 있었을까? 그렇지 않다. 내 삶의 과오와 후회, 평생 살아오면서 정말 부끄러운 일들이 많은 것이 사실이다. 평생을 살아도 우리 모두 완벽한 인격체가 될 수 없는 것은 누구나 마찬가지다.

나는 강사다. 마흔이 되어 봉사하다 강사가 된 강사!!! 그러다 보니 자연스럽게 실버 강사가 되었다. 벌써 봉사를 시작한 지 20년 가까이 흘렀다. 어른들과 웃고 떠들고 하다 보니 경험이 되고 경험이 스펙으로 쌓였다. MC를 보기 시작한 지 20년, 여러 방면의 강의를 한 지 10년이 훌쩍 넘어 버렸다.

이벤트를 하면서 1부, 2부를 넘나들며 즐거운 시간을 보냈다. 10년이면 강산도 변한다고 했던가? 노래 교실을 시작으로 치매 예방, 웃음 치료, 소통, 동기부여, 행복 특강 등등 강의분야가 점점 많아지고 있다.

첫 강의는 경로당 노래 교실 강의였다. 장비를 들고 낑낑거리고 들어서는 순간 눈물이 핑 돌았다. H경로당은 내가 매년 2회씩 경로잔치를 하는 곳이기도 하고, 3년째 봉사로 노래 교실을 하는 곳이었다. 매주 노인들하고 놀아줘서 고맙다며 손수 맛난 밥을 해서 항상 가득 차려놓고 기다리고 계셨다. 이럴 때 강사들은 힘이 나고 더 잘해야겠다는 다짐을 하게 된다. 강사료를 받든 안 받든, 많이 받든 적게 받든 그것이 중요한 게 아니다. 물론 생계를 책임져야 하는 강사는 조금 다를 수 있다.

아무리 무료봉사라 하더라도 서로 마음과 마음으로 소통하며 어루만져주는 것이 있다면 조금이라도 더 해드리고 싶은 마음이 생기는 건 인지상정이 아닌가?

웃음 치료 강의 때 일이다. 웃음 치료 강사로서 전염성 있는 웃음과 훈훈했던 순간이 잊을 수 없는 추억으로 가득 차 있다. 웃음의 힘을 통해 기쁨과 행복과 즐거움을 주며, 많은 사람의 삶에 영향을 미쳤다. 눈에 띄는 특별한 기억 중 하나는 양로원에서 강의했던 시간이다. 나이가 들면서 겪는 어려움과 상실과 고통을 경험한 어른들에게 가볍고 행복한 순간을 선사하고 싶었던 나는, 1시간 동안 웃음 운동을 주도하여 어른들이 어린아이 같은 기쁨을 받아들이도록 동기부여를 주었다. 불평불만이 가득한 어른도 있었지만, 나의 전염성 있는 웃음소리가 공기를 가득 채우자 서서히 얼음이 녹기 시작했다.

웃음이 퍼지면서 순수한 행복의 공간으로 바뀌기 시작했고. 어르신들의 얼굴에는 미소가 번지고 양로원에는 웃음소리가 울려 퍼졌다. 그 순간 나이와 아픔과 모든 근심 걱정이 사라지고 행복으로 바뀌고 있는 걸 느꼈다.

그중에 한 어르신이 기억난다. 처음에 조용히 앉아 있었다. 얼굴은 평생의 경험을 반영하듯 어두웠다. 하지만 웃음 연습이 진행될수록 눈에는 생기가 돌고 조금씩 미소가 보이기 시작했다. 그분의 변화를 보니 내 마음이 따뜻해졌다. 웃음은 서로서로 이어주는 다리가 되었고, 서로의 존재에서 찾을 수 있는 소소한 기쁨을 일깨워주었다. 웃음은 사람을 하나로 모으는 힘이 있다는 것을 알게 되었다.

이 감동적인 기억 속에서 단순한 웃음을 통해 다른 사람들의 삶에 의미 있는 변화를 만들고 있다는 사실을 발견했다.

함께 웃는 순간마다 줄 수 있는 가장 큰 선물은 세상에 조금 더 많은 빛과 행복을 가져올 수 있는 능력이다.

치매 예방 강의 때 일이다. 나는 치매안심센터 전문 강사로 활동한 지 오래되었다. 치매 예방 강사로 활동하면서 교육, 운동 및 활동을 통해 어르신들의 인지 건강을 유지하고 치매의 위험을 줄이기 위한 적극적인 행동을 취할 수 있도록 힘을 실어주는 것을 목표로 삼았다. 강의장에서 탄력성, 강인함, 인간 정신을 보여주는 수많은 감동적인 추억을 만났다. 지금도 선명하게 기억하는 분들이 있다.

치매 예방 워크숍에 참석했던 노부부의 이야기이다.

아내는 하얗게 센 짧은 커트머리에 작고 온화한 얼굴, 매끄러운 피부, 약간의 화장이 부드럽게 어우러져 우아하고 세련된 분위기의 원피스를 입으셨고, 남편은 어깨가 약간 작아 보이는 체구에 검은 뿔테 안경과 멋진 중절모, 흰색 셔츠와 양복바지를 입고 머리는 옅은 회색머리가 약간 있으며, 일부러 어르신들과 자연스럽게 어울리지 않고 자신만의 개성이 있어 보이는 모습으로 어디가 불편한지 지팡이를 집고 아내의 부축을 받고 들어왔다.

강의 시간 동안 부부는 처음 뵈었을 때부터 서로에게 잘 맞아 보이는 모습은 예쁘고 따뜻한 장소에 함께 있는 것처럼 아늑한 느낌을 주며, 적극적으로 참여하는 모습이 자꾸 시선이 갔다.

수업이 진행되었던 몇 주 동안 부부는 적극적으로 참여하면서, 인지 능력을 키우고 유지하려고 노력했다. 부부의 삶에 아름다운 변화로 이어지는 것이 보였다. 특히 남편은 자신이 배운 동작을 기억하고 기억해 내려고 애쓰는 아내를 격려하며 함께했다. 워크숍이 치매를 예방할 수 있는 도구를 제공했을 뿐만 아니라 그들의 희망에 다시 불을 붙였다고 말했다. 노부부는 서로를 지지하면서 찾은 새로운 기쁨과 오래도록 기억할 추억을 만들 기회에 감사했다. 나의 두 손을 꼭 잡고 기쁨의 눈물을 흘리는 순간 서로 부둥켜안고 한참을 같이 울었던 기억이 난다. 아마도 폐암을 앓고 계신 친정아버지와 경도 인지성 치매를 앓고 계신 친정엄마가 생각나서였는지도 모르겠다.

처음부터 잘하는 사람은 없다. 우리는 모든 경험을 통해 성장하고 배움을 얻을 수 있다. 즐거운 경험이든 힘들었든 경험이든 상관없이 말이다.

누구도 처음부터 완벽하지는 않지만, 변화를 만들고자 하는 진정한 열망이 있다면 우리는 더 나은 자신이 되기 위해 노력할 수 있다.

매일 우리에게는 새로운 시작을 위한 기회가 주어진다.

새로운 경험을 받아들이고, 지혜를 키움으로써 다른 사람의 삶에 계속해서 의미 있는 영향을 미칠 수 있다. 경험을 통해 우리의 스펙을 구축하고 만족스러운 삶을 창조한다는 사실을 기억하자.

어디든 무엇이든 통하는 강사

이서윤

1년에 서너 번씩 안부가 왔다. 메시지 내용대로라면 수신자는 사랑을 듬뿍 받는 사람이다. 메시지 발신자는 초보 강사 시절, 처음 교육한 중학교 학생으로 지금은 고등학교 3학년이다. 4개월 동안 수업한 학교의 학생이니 내게는 의미가 있다. 여중생들은 처음엔 새침하게 집중을 잘했지만, 시간이 흐를수록 개구쟁이 면모를 보였다. 하루는 블랙 마카로 얼굴에 글자를 쓰고 탈처럼 만드는 바람에 교실 문을 열고 들어가다가 깜짝 놀랐다. 학생들 이름을 외워 수업 때마다 불러주니 장난치던 학생들의 태도가 반듯해졌다. 스무 명 전부를 소셜벤처 아이디어 대회에 출전하게 했고 담당 교사가 학생들을 인솔해 포토존에서 함께 사진을 찍은 영상이 있어 유튜브로도 언제든 볼 수 있다. 종강일에 눈 내리는 운동장까지 배웅을 나와 살짝 안기던 아이의 눈망울이 젖은 것을 봤다. 그 아이가 때마다 안부를 전해온다. 애교가 담긴 카톡을 보면 입꼬리가 올라간다. 거리를 좁혀 특별한 날 수신되는 주파수가 상당히 사랑스럽다.

올해부터는 학교로 가는 교육은 중단하기로 했다. 작년에 코로나19 확진이 세 번이나 됐고 후유증이 있다. 특히 단기 기억 기능이 떨어졌고 인후두염도 반복됐다. 몇 달 동안은 쉰 목소리로 강의하려니 참 답답했다. 안식년이지만, 요청이 들어 온 오산시 중학교의 8회기 동아리 수업을 맡았다. 첫날은 학기 초라 학생들이 서로 눈치를 살폈다. 두 번째 수업 중 뒤에 있던 부 강사가 유독 한 아이의 학습 태도가 나쁘다고 넌지시 전했다. 모둠활동 중에 찬찬히 살펴봤다. 사물이나 대상을 보는 눈이 온통 부정적이고 수업 분위기를 자기중심으로 끌고 갔다. 내 수업의 문제를 발견했으니 해결 방법을 찾아야 했다. 고민과 함께 그 학생 모둠에 자주 관심을 가졌고 눈을 많이 맞췄다. 그 학생이 의견을 말하면 그렇게 생각할 수 있다며 이 수업에 정답은 없다, 너희가 정답을 도출해 내는 것이라는 말을 자주 했다. 다섯 번째 수업부터 그 학생의 눈빛이 순하게 바뀌고 질문이 단정해졌다. 완전히 태도가 바뀐 것이다. 힘들게 쌓던 돌탑을 마침내 완성한 느낌이랄까, 희열이었다. 체력 소모가 많아 중단하려던 학교 수업을 다시 하면서 에너지를 얻는 계기가 됐다. '중학생이 내 인생 최대의 스승이다.'라고 우스개를 했는데 이번에도 여지없었다.

다른 학교의 일이다. 8회기 수업 동안 눈을 반짝이며 집중하던 여학생을 기억한다. 과정이 끝나고 한참 지났는데도 관심이 있었는지 연말에 있을 소셜벤처 아이디어 대회 예선에 참가하고 싶어 했다. 담당 교사의 요청에 따라 학교로 멘토링을 갔다. 아이디어가 좋았고 어린데도 사회적 가치 실현이 대견했다. 학생들의 아이디어는 예선 통과 후 본선에 올랐다. 내 SNS의 대회 웹자보를 보고 공감을 누르며 대회 참가에 열의를 보였다. 본선 무대 발표도 얼마나 똑 부러지게 하던지 이름도 잊히지 않는다. 그 학생이 그다음 해엔 시각장애인용 안경을 들고 본선에 다시 나왔다. 담당 교사에게 전해들은 바로는 뇌종양 수술을 받고 잠시 눈이 보이지 않은 적이 있다고 했다. 그 경험을 바탕으로 안경에 센서를 달아 옆에 누가 다가오면 안경 착용자에게 진동으로 타인의 접근을 알리는 시각장애인용 안경을 기획한 것이다. 완벽하지는 않지만, 시제품을 만들어 기능을 설명하는 모습이 멋졌다. 중학교 3학년 학생이라기보다는 마치 대학 창업동아리의 발표를 듣고 있는 듯했다. 심신의 성장뿐 아니라, 사회적 감수성까지 깊어진 그 학생이 기특했다. 가까이 있었다면 힘껏 안아줬을 것이다. 그 순간만큼은 강사라는 직업이 자랑스러웠다. 짧게는 2개월에서 길게는 4개월을 교육했다. 창업으로 진로를 잡고 사회적 약자를 위해 꿈을 키우는 대견함에 내 심장박동도 세차게 뛴 소셜벤처 대회였다.

모 특성화고등학교에선 나를 포함한 강사들이 8회에 걸쳐 여러 학급 수업을 진행했다. 내가 지도한 네 반 중 두 반이 소셜벤처 대회에 예선을 통과하고 본선에서 수상했다. 다음날 마지막 수업을 하러 갔더니 커피 동아리 학생들이 직접 내린 더치커피를 선물로 건넸다. 감사를 전하고 싶은데 학생들이 표현할 수 있는 것은 커피밖에 없다고 했다. 그 커피를 아껴 마셨다. 아끼는 동안 향이 희석되어 맛이 떨어졌지만, 한동안 냉장고에서 꺼내지 못했다.

새로운 교육 분야에 도전한 것은 2022년이다. 기후변화 교육과 탄소중립 교육을 시작했다. 새로운 콘텐츠로 첫 회기 수업을 한 곳은 초등학교다. 지구가 아프다고 전해오는 신호를 잘 들어보자, 아픈 원인인 이산화탄소를 줄여 제로로 만들자, 친환경 재생에너지 사용에 대한 교육이었다. 자가발전기를 돌려 램프에 불을 켜고 선풍기가 돌아가면 아이들의 감탄이 나온다. 마지막으로 태양광 하우스를 조립하고 꾸며 태양 빛에 풍차가 돌아가면 환호성은 하늘을 뚫는다. 탄소중립 교육과정 준비를 위해 강사는 많은 시간과 노력을 기울인다. 재료 선택과 체험 과정엔 상당한 에너지가 필요하다. 피로도가 높은 수업 진행에 대해 고민했다. 콘텐츠로만 하는 수업과 체험하는 수업은 시간과 체력 소모가 다를 수밖에 없다. 수업이 끝나고 한 학생이 질문했다. "선생님 내년에도 또 오세요? 5학년 때도 이 수업을 받고 싶어요."라고 했다. 다른 학생들도 재밌으니 또 하고 싶다고 함께 외쳤다. 그 반응으로 그간의 힘들었던 감정이 한순간 사라졌다. '더 해야 할까?'라고 자신에게 반문했다.

강사가 제일 듣고 싶은 말이 다음 교육을 받고 싶다는 반응이다. 주도적 학습을 통한 사회적 가치를 담은 수업을 할 때 학생들은 어려워한다. 사회적 가치를 제대로 알게 되기까지는 상당한 시간이 걸린다. 수업 후반부에 들어가야 비로소 재미를 알게 된다. 강사로서 제법 경험을 쌓았지만, 그 과정은 여전히 풀기 힘들 때가 있다. 교육자로서의 지속가능성에 대해 고민할 때, 단번에 해결되는 것이 바로 교육생들의 즐거운 반응이나 재교육 요청이다. 만족도 조사가 높으면 양질의 교육을 전달하고 싶어 방법을 찾는다. 잘 풀리지 않던 문제가 풀렸을 때 느끼는 희열의 대상은 바로 교육생들이다. 교육생들의 반응이 나를 도전하게 하고 성장시켰다. 그 덕에 힘을 얻어 새로운 영역의 강의에 다시 도전하게 됐다.

기업 강의를 한다. 그전에도 성인 대상 강의를 했지만, 본격적으로 진입한 것은 올해부터다. 갑자기 제안받은 교육으로 새벽까지 교안을 수정했다. 엎친 데 덮친 격으로 폰트까지 깨져 새로 작성하느라 겨우 3시간을 잤을까? 그런데도 즐거운 마음으로 강의 장소로 달려갔고 주어진 시간에 최선을 다했다. 교육 담당자에게서 재밌는 교육을 해줘서 고맙다는 메시지를 받았다. 잠 못 자고 준비한 콘텐츠가 인정받는 기분이 들어 기업 강의 초보가 돌아가는 길이 환해진다. 새로 추가한 주파수로 빛이 조금 더 들어왔다.

우리는 매 순간 크고 작은 일에 좌절을 겪기도 하고 기뻐하기도 한다.

특히 그런 순간 강사는 감정관리가 상당히 필요하다. 현재 진행하는 것이 힘에 부치기도 하고 잘되지 않는다고 낙담하지 않도록 한다. 문제를 찾고 원인을 알면 해결 방법이 생긴다. 그 과정에서 감정 조절이 꼭 필요하다. 자신과의 대화를 통해 감정을 조절하다 보면 5년 후나 10년 후에는 힘든 시기를 떠올리며 잘 이겨냈다고 미소 짓게 될 것이다.

나를 꽃피우게 한 순간들
정순옥

요양원 봉사를 다니면서 일명 관광버스 춤으로 어르신들을 기쁘게 해 드린 적이 있다. 전문 봉사 팀들은 악기며, 의상이며, 전문가다운 모습으로 멋들어지게 공연했지만, 어르신들은 막가파인 우리 팀의 재롱을 더 좋아하셨다. 엉덩이 뽕 바지도 입고, 이에 김도 붙여가며 음정 박자 무시하고 노래하고 춤추는 것이 우리 팀의 무기였다. 어르신들은 "잘한다, 최고여, 예쁘다!" 외치시며 덩실덩실 함께 춤을 추시곤 했다. 몇몇 사람들은 소심해 보이는 내가 이런 망가지는 퍼포먼스를 한다고 하면 잘 믿지 않는다.

음주는 못 해도 가무는 좋아한다. 잘해서가 아니라 어르신들과 같이 어울려 노는 그 시간이 그냥 좋고 행복하다.

그래서인지 어르신들과 함께 하는 강의는 항상 즐겁다. 2019년 한 해가 마무리되어 갈 즘 코로나19가 시작되면서 일상에 많은 변화가 찾아왔다. 실시간으로 국가 재난 문자가 스마트폰으로 전송되었고 비대면 거래가 활성화되었다. 그러나 디지털 기기 사용에 취약한 어르신들에게는 무용지물이었다. 그 이듬해 남녀노소 누구나 디지털 접근성 및 활성화를 위한 디지털 격차 해결 방안으로 전국적으로 디지털 배움터가 시작되었다. 일부 부분적 대면 수업이 허용되면서 일주일에 한두 번씩 어르신들 대상으로 스마트폰 교육을 하며 디지털 배움터 강사로 활동하게 되었다. 가장 먼저 일상생활에 활용할 수 있는 문자 보는 방법, 사진 찍는 방법 등 다양한 기능에 대해 반복적으로 실습해 나갔다. 글자 쓰기가 불편하신 분들에게는 음성으로 문자 보내는 방법을 가르쳐 주었다. 그런데 수업 도중 생각지도 못한 일이 생겼다. 실습하면서 보낸 문자를 받고 딸이 보이스피싱인 것 같다며 다급히 전화가 온 것이다. 어르신은 껄껄 웃으시며 "선생님께 핸드폰 공부하다 연습 삼아 보냈으니 걱정하지 마, 이제 나도 문자도 보내고 사진도 찍을 수 있어."라며 자랑하셨다. 강사님 덕분에 신세계를 만난 것 같다면서 몇 번씩이나 고맙다고 말해주시던 모습이 아직도 생생하다. 아이들처럼 즐거워하시는 어르신들을 보면서 덩달아 행복해지고 마음이 뭉클해졌다. 지나고 생각해 보니 말로 표현하지 않아도 진심을 다해 마음을 전하면 누군가에 큰 울림으로 전달될 수 있다는 것을 깨닫게 해준 강사로서 보람되고 소중한 경험이었다.

강사 일을 시작하고 일 년쯤 지났을 때의 일이다. 환경 수업 활동을 함께 하는 강사님의 제안으로 S교도소 강의를 들어가게 되었다. 나를 강사의 길로 이끌어 준 멘토이면서 존경하는 분이기도 하다.

보조강사로 들어가 한 시간만 경험 삼아 진행해 보라는 제안이었다. 기회를 준 것만으로도 망설일 필요가 없었다. 메인 강사도 아니고 보조강사이니 그리 부담스럽지도 않았다. 강의 주제는 예비 출소자 대상으로 올바른 경제관념을 위한 돈의 가치에 관한 신용경제교육 강의였다. 재무 컨설팅도 해봤고, 교안도 있으니 연습하면 잘할 수 있을 거라는 기대를 하고 첫 강의를 하게 되었다. 세상 물정 몰랐던 나는 그 안에 있는 사람들은 외부와 철저히 단절되어 생활할 거로 생각했다. 정보력도 그리 많지 않으니 내가 하는 강의에 상당한 관심을 보일 거라고 착각하고 있었다. 태어나서 처음으로 교도소라는 곳을 가 보게 되었다. 철조망이 쳐져 있고, 경비가 삼엄할 거라 상상했지만 의외로 평범한 관공서에 들어가는 느낌이었다.

신분증과 핸드폰을 맡기고 교도관을 따라 안으로 들어갔다. 대기실에 있는 동안 기다림의 시간이 꽤 길게 느껴졌다. 안내한 강의실로 들어가니 앳된 얼굴의 청년부터 흰머리 중년까지 십여 명의 다양한 사람이 무표정한 모습으로 앉아 있었다. 저런 선한 얼굴을 가진 청년은 어떤 이유로 여기 앉아 있는지 궁금하기도 했다.

와! 이런 긴장감은 처음이다. 나에게 주어진 시간은 한 시간이다. 열 시간 같은 한 시간이 시작되었다, 준비한 멘트가 하나도 생각나지 않았다. 말 그대로 교안을 줄줄 읽어 내려가며 책 읽기식 강의를 시작했다. 그래도 티 내지 말고 마무리는 완벽하게 해내자, 다짐하면서 큰 목소리로 재빨리 끝인사를 하고 마무리 지었다. 그때 가장 근엄하게 앉아 있던 한 사람이 점잖은 목소리로 "거참 재밌게도 할 수 있겠구먼, 꽁지에 불붙었나 뭐가 그리 급하대요."라고 말하자, 여기저기 웃음소리가 터져 나왔다. 강의 시간 내내 얼어붙어 있던 분위기가 사뭇 달라졌다. 얼굴이 화끈거렸다. 다행히 메인 강사님 덕에 강의는 잘 마무리되었지만, 한동안 후유증에 시달렸던 기억이 난다.

강의할 때 중요한 것 중 하나는 교육 대상자에 대한 이해이다. 그것은 소통의 가장 기본적인 태도이기도 하다. 연령, 직업, 그리고 대상자들의 욕구 상황 등 사전 정보가 강의의 성공 여부를 좌우한다고 할 수 있다. 오늘의 실패 원인은 이런 부분을 직시하지 못한 탓이다. 너무 죄송한 마음이 들었다. 그런데도 학교 수업의 두 배의 강의료를 받게 되었다. 새삼 놀라우면서도, 왠지 떳떳하지 못한 돈을 받는 것 같은 생각이 들었다. 다시 기회가 주어진다면 강사의 마음가짐을 한 번 더 다잡아 좋은 강의로 찾아뵙겠다는 다짐을 해 보았다.

한두 달 지나 다시 교도소 수업 의뢰가 들어왔다. 다른 강사님의 배려로 얼떨결에 메인 강사의 기회를 얻게 되었다. 분산투자의 필요성에 대해 전반적인 교안을 만들었다. 목적자금을 구체화해서 목표를 세우고, 단기, 중기, 장기 자금 활용의 투자 방법에 대해 나눌 이야기를 준비했다. 두 번째 방문이어서인지 지난번보다는 확실히 긴장이 덜 되었다. 강의장도 전보다 훨씬 크고 인원도 두 배 이상이었다. 대충 그 사람들의 성향을 파악했던 터라 유머 있는 멘트로 강의를 시작했다. 출소 후 가장 먼저 준비하고 싶은 목적자금이 무엇인지에 대해 질문을 던졌다. 각자 나름대로 확실한 계획과 목표를 갖고 있었다. 강의는 소통이 답이라는 생각이 들었다. 말하다 보니 그분들의 마음을 들여다볼 수 있었다. 그리고 모두 희망을 꿈꾸며 새로운 출발에 대한 기대감을 갖고 있다는 것을 알게 되었다.

마무리로 김춘수 님 「꽃」이라는 시를 화면에 띄웠다. '너는 나에게 나는 너에게 잊히지 않는 하나의 눈짓이 되고 싶다.'라는 글귀처럼 살아가면서 누군가에게 의미 있는 사람으로 기억되길 바라는 마음을 그분들과 함께 나누어 보았다. 그들 중 강의 내내 진지한 표정으로 듣고만 있던 한 사람에게 낭독을 부탁드렸다. 유독 웃지도 않고 반응이 가장 없었던 사람이었다. 반전이 일어났다. 성우 같은 목소리로 「꽃」 제목을 읽어 내려가는 순간 여기저기서 탄성이 쏟아져 나왔다. 선생님 꿈은 무엇이냐는 질문을 하지 않을 수 없었다. "비록 내가 잘못해서 여기 앉아 있지만 원래 내 꿈은 글 쓰면서 사는 거였다. 먹고살기 힘들어 한 번도 생각해 본 적도 없었고 자격도 안 되는 놈이라고 생각했는데, 강사님 덕분에 잠깐이나마 꿈을 이룬 것 같다. 나가면 잘살아 보고 싶다." 생각지도 못한 답변에 순간 당황했다. 아주 큰 울림이 마음에 전해졌다. 덕분에 나의 강의도 큰 박수를 받으며 마무리되었다. 실패했던 지난날의 강의를 떠올리니 미안한 생각이 들었다. 왜 진작 이 사람들의 마음을 들여다보지 못했을까 하는 생각이 들었다. 그건 바로 편견 때문이었다. 맨 처음 교육 대상자가 교도소 재소자라는 이야기를 듣고 약간은 둥글지 못한 삶을 산 사람들, 범죄를 저지른 사람들, 세상과 단절되어 소통되지 않는 사람들 일 거란 왜곡된 생각으로 그들을 바라보았다

편견을 깨고 찬찬히 보면 상황이든 사람이든 빛나지 않는 것이 없는 것 같다. 가까이에서 마음을 열고 상대를 바라보면 내면에 품고 있는 따뜻한 인간미에 공감할 수 있다. 누구에게나 인생의 고비가 올 때가 있다. 고비를 넘어가면서 좌절을 경험하기도 하고 잘못된 선택을 할 때도 있다. 우리는 누군가를 바라볼 때 그 사람의 내면의 가치를 찾기보다는, 갖고 있는 환경적 배경을 바라보게 된다. 직업은 무엇이고 학력은 어떤지, 집안이 어떠한지를 보고, 그 사람의 됨됨이를 판단한다.

이런 배경이 사람을 평가하는 기준이 되어서는 안 된다. 주어진 환경에서 삶의 가치를 찾아 각자의 방식대로 성실하게 살아 내는 그 사람의 내면의 힘을 들여다봐야 한다. 잘못된 선택을 했었다고 꼬리표를 붙여 놓고 바라봐서도 안 된다. 누구에게나 그런 상황은 일어날 수 있다.

벅찬 마음으로 강의장을 나오면서 이곳에 계신 모든 분이 편견 없는 세상에서 새로운 희망을 안고 행복을 꿈꾸며 살아가기를 진심으로 바라보았다.

그 길 위에서 누군가에게 의미 있는 사람으로 빛나, 걸어가는 모든 순간이 꽃길이 되길 간절히 바라본다.

원하면 반드시 이루어진다

정종관

띄엄띄엄 들어오는 강의를 마치고 핸드폰을 열어보니 익숙한 전화번호에서 세 번이나 연락이 와있었다. 그리고 메시지에도 '시간 되면 통화한 번 하자'는 메모가 남겨져 있었다. 군대 시절 지휘관으로 모셨던 분의 전화다. '무슨 일로 연락을 했을까?'라는 궁금증이 앞서면서 여러 가지 상상의 나래를 펴봤다. '뭐 결혼식 이런 거 아닐까?'라는 생각도 해보았고, 아니면 특별히 부탁할 게 있어서 연락을 주셨나 등 머리가 복잡해졌다. 전화를 할까 말까 많이 망설여지기도 했지만 오래간만에 안부 전화한다는 생각으로 번호를 눌렀다. 여러 번의 신호 끝에 건너편에서 중후하면서도 익숙한 목소리가 들려왔고 가볍게 일상적인 안부를 묻는 인사가 오갔다. 연락을 한 이유는 시간 되면 최대한 빠른 시간 내에 회사에 한 번 오라는 내용이었다. 그러던 와중에 손님이 왔는지 빨리 한 번 보자는 말을 남기고 급히 전화를 끊었다. 무슨 일이기에 갑자기 회사로 와보라는 것인지 궁금증만 더해갔다.

며칠이 지나서 다시 전화 통화를 하고 약속된 시간에 회사를 방문했다. 대한민국의 방위산업에 대한 전반적인 발전 비전을 세우고 방위사업청과 방위산업체들과의 사이에서 의견을 조율하고 협조하는 업무를 하는 회사였다.

　사무실에 도착했더니 비서실에서 기다리고 있었다는 듯이 안내를 해주었고 사무실에 들어서니 의자에서 일어나면서 반갑게 맞이해주었다. 책상 위에 놓여 있는 명패에 상근부회장이라는 직함이 적혀 있다. 형식적으로 비상근 회장이 있지만 상근부회장 직함으로 회사에서 계획된 사업 추진으로부터 인사, 예산 등을 총괄하는 실세라는 말에 깜짝 놀랐다.

　요즘 어떻게 지내냐는 안부부터 시작해서 가족들 안부까지 주고받는 순간에도 왜 나를 불렀는지 궁금증이 점점 증폭되었다. 자신의 회사에 와선 근무해 볼 생각이 없느냐는 말에 잘못 들었나 싶어서 어떤 의미인지 되물었다. 회사에 교육센터장 자리가 공석이 생겼는데 근무해 볼 생각이 없느냐며 내 의견을 묻는다. 갑작스러운 질문에 당황스럽기도 하고 고맙다는 생각도 들면서 순간적으로 혼란스러워졌다.

　지금까지 강사의 꿈을 가지고 준비해온 기간이 얼마인데 회사에 재취업을 한단 말인가. 이제 강사로서 막 자리를 잡아가고 있는데, 회사에도 정년이라는 제도가 있을 텐데 몇 년을 더 근무할 수 있단 말인가? 짧은 순간에 수많은 생각이 머리를 스쳐 지나갔다.

집에 와서 아내와 의논한 끝에 회사에 출근하기로 결정하고 상근부회장님께 말씀드렸더니 다음 달인 10월부터 출근하라고 하신다. 회사에 출근해서 교육센터장으로서 업무를 파악해 보니 산업인력공단과 컨소시엄을 맺어서 진행 중인 교육사업이 코로나19로 완전히 멈춰 있었다.

한 해 동안 교육사업을 통해 수료시켜야 할 목표치를 30% 정도밖에 달성하지 못하고 있는 실정이었다. 교육 종료 시점인 12월 초까지는 2개월 남짓 남았는데 큰일 났다는 생각으로 팀원들과 긴급회의를 진행했지만 팀원들은 무사태평이다.

이런 과정을 겪으면서 부회장님께서 왜 갑자기 교육센터장을 맡아달라고 했는지의 이유를 이제야 이해할 수 있었다. '그래도 군 생활을 해 오면서 근무는 제대로 했나 보다.'라고 스스로를 위로하며, 지금 필요한 것은 강인한 군인정신이고 이 정신으로 밀어붙이는 방법 외 뾰족한 수가 없었다. 리더의 가장 중요한 덕목 중 하나인 '결심'이 빛을 발하는 순간이었다.

대면 교육이 불가하니 줌 플랫폼을 이용해서 비대면으로 교육을 진행하기로 하고 팀원들과 함께 하루에 세 개 과정씩 교육을 강행했다. 센터장이 솔선수범하면서 팀원들과 같이하니 불평불만이 있어도 겉으로 드러내지 않으며 묵묵하게 따라와 주었다. 위촉된 강사들에게 긴급 메시지를 전파하고 적극적으로 협조해 줄 수 있도록 이해를 구하니 강사들도 적극적으로 교육과정을 진행해 주었다. 강력한 추진력으로 밀어붙인 결과 12월 초까지 계획된 교육과정을 모두 진행했다. 하지만 교육 수료 인원은 연간 목표치의 70% 수준 정도로 다행스럽게 산업인력공단으로부터 경고를 받지 않을 정도의 성과를 달성했다.

2020년도 교육 결과에 대한 성과평가와 2021년도 교육센터 사업계획을 직접 작성하기로 했다. 이유는 전년도 성과평가와 앞으로 진행될 사업계획을 직접 작성해 봄으로써 짧은 시간에 업무를 정확하게 파악할 수 있기 때문이다. 2020년도에 실패한 전철을 다시 밟지 않기 위한 이유도 있었다. 시행착오도 많았지만 팀원들과 토의를 통해서 성가평가와 사업계획을 완성해서 결재 후 방위사업청 재가를 얻고 산업인력공단에 보고함으로써 2021년도 교육사업을 야심차게 시작했다.

12월이 되어 2021년도 교육사업을 마무리하면서 성과평가를 해보니 목표 인원의 140%를 달성했다. 대단한 성과였을 뿐만 아니라 무엇보다도 팀원들이 가장 기뻐해 주었고 센터장을 믿고 따라와 준 팀원들이 고마웠다. 산업인력공단 성가평가 결과 당당하게 최우수 공동훈련센터로 선정되었고 인센티브도 충분하게 받았다. 최고의 순간이었다. 교육 수료 인원이 70%의 수준에서 140% 수준으로 전년도 대비 100% 성장률을 달성한 성과였다. 신뢰하고 맡겨준 분에게 보답했다는 자부심에 기쁨도 배가 되었다.

2022년도에는 2021년도 성과평가 결과와 한 해 동안의 경험치를 고려해서 더 진화된 사업계획을 작성해서 산업인력공단에 보고까지 마쳤다. 2022년도 교육성과는 교육 수료 목표 인원의 170%를 달성했다. 같은 해 12월 한 개의 과정만을 남겨놓은 시점에서 2023년도 사업계획을 마무리하고 그동안 경험했던 내용들을 잘 정리하여 후임자에게 인계하고 생애두 번째 정년를 맞이했다. 이후 들려온 소식은 2년 연속 최우수공동훈련센터로 선정되는 실로 엄청난 성적표를 받았다고 한다. 교육센터에서 오랫동안 근무했던 팀원과 대화를 나눠보니 교육센터가 만들어진 이후 최고의 성과를 달성했다고 한다. 힘들었지만 이런 결과를 받아보니 너무 보람되고 교육센터에서 근무한다는 사실에 처음으로 자부심을 가지게되었다고 한다.

2년 연속 최고의 성적표를 받았다는 소식을 듣고 보니 지금에서야 나를 믿고 교육센터장의 직책을 맡기신 분께 보답했다는 생각이 들었다. 35년여 동안의 군 생활 중에도 경험해 보지 못했던 전혀 새로운 분야에 도전할 수 있도록 기회를 갖게 된 것이 소중한 경험이 되었다. 조용히 눈을 감고 큰 보람을 얻을 수 있는 수준으로까지 성공적으로 맡은 일을 잘 감당해낸 스스로에게 잘했다고 칭찬하며 토닥거려 주었다. 어떤 일을 하더라도 해낼 수 있다는 큰 자신감을 얻게 된 소중한 계기가 되었다.

2005년 세계에서 가장 영향력 있는 명사 100인 중 최고의 명사로 선정된 오프라 윈프리(Oprah Winfrey)는 이런 명언을 남겼다. '도전이란 우리가 새로운 삶을 찾을 수 있게 해주는 선물과 같은 것이다. 그렇기에 도전을 거부하지 말고 그 도전을 받아들일 수 있는 새로운 방법을 찾을 수 있도록 노력하라.'라는 말이다. 그녀도 인생 여정에서 큰 아픔들 견뎌내고 상상할 수 없었던 새로운 분야에 도전한 결과 세계적인 명성을 얻는 과정을 경험했기에 이런 명언을 남길 수 있었으리라. 군에서 전역한 지 2년여가 지난 시점에서 나의 능력을 믿고 전혀 새로운 분야에 추천해 주었을 때 받아들이지 않았더라면 이런 성공을 경험을 할 수 있었을까? 도전을 거부하지 않고 새로운 방법과 아이디어를 짜내서 최고의 실천력과 추진력을 발휘했기 때문에 이와 같은 성공적인 경험을 선물로 받을 수 있었으리라.

그리고 강사, 즉 프리랜서라는 새로운 분야에 도전장을 내밀었다. 적지 않은 나이이지만 2년여의 직장 생활을 통해서 해낼 수 있다는 자신감을 얻었기 때문이다. 그리고 해낼 것이다.

도전이란 실패할 수도 있는 위험을 무릅쓰는 것이지만 간절히 원하면 반드시 이루어진다는 확신을 갖게 되었기 때문이다.

현장에서 만난 소중한 순간

정창교

강사는 강의 현장에서 만난 사람들의 변화를 시도한다. 직장 내 장애 인식개선 교육은 장애인이 짐스러운 존재가 아니라 동료라는 인식을 갖도록 하는 태도 변화를 중요하게 다루게 된다. 다양성이 요구되는 사회에서 장애인이 적응할 수 있도록 변화에 능동적으로 대처하면 비장애인들이 오히려 근무여건 개선 등의 유익이 크다는 사실을 알게 된다.

남동 국가공단의 한 제조업체는 동남아 노동자들이 아니면 용접공을 구할 수 없는 상태라는 말을 실감할 수 있는 모습이었다. 지게차의 의자 만드는 업체에 도착해보니 용접 섬광이 계속 이어졌다. 용접 특유의 향이 공장 내부에 가득했다.

공장 2층으로 올라가니 사무실 안쪽에 10여 명이 토론할 수 있는 공간이 있었다. 먼저 40분가량 강의를 하고 이어 발달장애인 청년 연주자의 연주를 들려주니 반응이 좋았다. 사장도 끝까지 자리를 지켰다. 대외협력 담당 이사가 직원들도 들을 수 있었으면 좋겠다고 말했다. 공장의 소음을 뚫고 대외협력 이사와 대화하였다. 오랜 친구처럼 동질감을 느꼈다.

기계공업고등학교를 입학했을 당시의 모습이 떠올랐기 때문이다. 고교 졸업 이후 기계공으로 일하는 친구들이 거의 사라진 것처럼 노동 현장도 크게 달라졌다는 것을 실감할 수 있는 기업체였다. 위험한 사업장이어서 장애인 고용은 하지 못하고 있었다. 다행히 장애인 연주자들이 함께하는 강사지원형 법정 장애인식개선 교육을 전 직원들과 함께 진행하고 싶다는 의견이 나온 것만으로도 현장 교육의 효과가 나타났다. 교육 담당 이사에게 1년 만에 전화해보니 올해는 12월쯤 40명씩 2개 조로 나눠 진행하겠다는 의견이 나왔다.

또 다른 남동 국가공단의 제조업체는 네이버에서도 검색되는 유명 제조업체였다. 1층에서 발달장애인 청년 연주자인 비올라 연주자 백승희 씨와 플루트 연주자 박진현 씨 일행과 만났다. 입구에서 출입자 통제가 진행되었다. 승강기를 타고 7층에 올라갔더니 직원들이 커다란 회의실로 안내하였다. 토론형 강의가 진행되었다. 이 업체 대표에게 장애인 직원을 더 고용할 수 있는지를 물었다. 고령 장애인이 포장일을 하고 있다는 사실이 확인되었다.

이미 장애인이 고용된 분야는 비장애인을 고용하는 것보다 장애인 고용을 우선 고려할 것을 요청하였다. 긍정적인 답변이 돌아왔다. 장애인을 고용한 사업장에서 정부의 각종 지원제도를 통해 장애인 직원을 고용하면 경영상의 이익이 많다는 것을 알게 되는 것도 의미가 적지 않다.

중앙언론 사상 최초로 장애인 연주자 5명을 고용한 국민일보사도 중증장애인 1명 고용시 2명의 고용 혜택을 보고 있다. 현재 5명을 고용해 10명을 고용한 효과를 보고 있다. 고용장려금도 받고 있다. 문화체육관광부 예비사회적기업으로 등록된 《㈜예술숲》은 법정 장애인 인식개선 교육을 한 뒤 실제로 장애인 직원을 고용하였다.

이 업체에서는 장애인 보컬들이 부르는 노래를 직접 작곡한 업체이기도 하다. 최근에는 정창교 작사 박한규 작곡의 〈땅에 씨를 뿌려 보자〉는 창작곡을 만들었다. "땅에 씨를 뿌려보자. 땅에 씨를 뿌려보자. 씨앗이 자라 나무가 되는 것을 볼 수 있다네…" 이런 노래다. 국악인 송소희의 노래 〈아리리〉를 만든 유명 작곡가다. 이 노래는 8월 19일 연간 수백만 명이 찾아오는 인천 송도 케이슨24 공연 때 발표될 예정이다. 이 공연을 전후해 발달장애인 청년 작가 9명이 참여하는 황금마차 발달장애인 그림 전시회가 20일간 펼쳐진다. 한국마사회 인천 중구지사와 인천항만공사의 기부금을 활용하게 된다.

사실 강사 역할은 코로나19 상황에서 2021년 12월 강화도 예닮 장애인 직업재활시설 종사자들을 대상으로 한 것이 시작이었다. 강사들에게 코로나19는 어려움도 줬지만 새로운 시대에 적응할 기회를 제공하였다. 온라인을 이용한 교육이 본격화되었다. 한국장애인고용공단으로부터 강사 지원사업을 신청한 한 업체는 줌 시스템을 활용해 직접 만나지 않고 교육을 진행하였다.

강사가 학습 목표를 정할 때 수강생들에게 무엇을 할 수 있는지를 가르치는 것을 기본으로 삼아야 한다는 점은 매우 중요하다. 학습할 때 가장 중요한 것은 변화다. 교육받기 전에는 할 수 없었는데, 교육 후에는 할 수 있게 된 것이 있다면 강사 역할을 훌륭하게 소화한 것이라고 말할 수 있다.

왜 장애인복지법을 만들어 장애인을 특별하게 대우하는지에 대한 설명 과정에서 인권을 강조하는 것은 법정 장애인 인식개선 교육의 지향점이다. 의학이 발달하면서 장애인 인구가 증가하고 있는 사실을 통계로 풀어주는 것도 한 방법이다. 듣자마자 잊어버리는 최악의 강의를 피하려면 무엇을 할 수 있는지에 대한 학습 목표가 달성될 수 있도록 안내해주는 과정 연구와 함께 세부적인 강의 설계가 필요하다.

소통이 잘 됐는지는 결국 '상대방'이 판단한다는 점에서 직장 내에서 적용해보고 변화를 일으켰던 사례를 공유하는 것은 회사의 생산성을 높이는 지름길이 된다. 110여 명 규모의 장애인 활동지원사를 대상으로 법정 장애인 인식개선교육과 직장 내 성희롱 예방 교육 및 괴롭힘 예방 교육, 개인 정보 예방 교육, 산업 안전 교육을 진행한 결과 몰랐던 것을 새로 알게 됐다는 반응이 다수였다.

그렇게 교육받은 활동지원사들이 돌봄서비스 현장에서 장애인들에게 미리 의사를 묻는 행동을 하게 된 것은 보람이 크다. 장애인을 돕는다는 이유로 장애인의 의사와 상관없이 활동지원사가 마음대로 하는 반인권적인 행동에 변화가 일어났다.

〈국민강사교육협회〉를 통해 강사에게 필요한 자격증을 확보한 것은 좋은 기회가 되고 있다. 특히 삼풍백화점 붕괴사건 이후 대구지하철 참사, 세월호 참사, 이태원 참사 등이 끊임없이 반복되고 있는 대한민국의 안전불감증을 해결하기 위해 안전관리자 1급 자격증을 확보하게 되었다. 최근 각종 사업장에서 중대 재해가 끊임없이 반복되고 있다.

중대재해는 하청 업체의 사고라도 원청업체 대표자가 책임을 지도록 제도가 크게 변화되었다. 놀라운 변화다. 사건 사고를 취재해온 기자 경력을 활용해 안전한 대한민국을 만드는 데 일조할 수 있는 분야에서 강사를 할 수 있도록 자격증을 딴 순간을 잊을 수 없다.

  강사는 현장을 책임지는 1인 기업가다. 어떤 순간에도 가장 최상의 강의를 하는 것이 중요하다. 왜 강의를 하는지에 대한 확신이 없으면 청중들을 설득하기가 어렵다. 강사는 시대적인 민감성을 갖고 한 사람이라도 변화되는 모습을 현장에서 만들어내야 한다. 한 사람 한 사람이 강사가 제시하는 개념을 이해하고 문제해결을 위한 방법을 찾을 수 있도록 기억에 남는 한 문장을 선물해야 한다.

코로나가 전해준 감사의 선물

조은연

코로나로 인해 나의 삶이 완전히 바뀌었다. 내가 사이버 대학교의 대학생 신분이 된 것이다.

뒤늦게 공부에 매달리고 강사 생활을 하는 나를 애처롭게 바라보시는 분이 한 분 계신다. 친정어머니이시다. 어느 날 어머니께서 집 근처 지하철역에 왔으니 잠시 나오라고 전화를 하셨다. 지하철역에서 우리 집까지는 오르막이 계속 이어져서 젊은 사람도 다니기 힘들다. 부랴부랴 계신 곳에 갔더니 흰 봉투를 하나 건네주셨다. 학교 등록금에 보태어 쓰라고 하시면서 거금을 주셨다. 82세이신 친정어머니는 시니어 노인 일자리에서 초등학생 등교 도우미로 아직 2주에 한 번씩 일을 하고 계신다. 일없이 집에 계신 것보다는 훨씬 삶이 재미가 있다고 하신다. 아버지를 먼저 보내시고 혼자 계시면서 자식들에게 단 한 번도 도와달라는 말씀이 없으셨다. 아주 현명하시고 지혜롭게 살고 계신다. 감사하고 존경한다. 건강만 하시라고 늘 기도하면서 살아가고 있다. 사랑합니다.

강사라는 세계로 나를 이끌어주신 선생님이 계신다. 이연주 선생님이다. 선생님도 강사님이다. 미래 창조인재교육원의 대구지부장님이시다. 강사 세계란 어떤 곳이고 이러한 것을 해야 한다고 늘 앞에 서서 이끌어주셨다. 겸손해야 된다, 자만심을 가지면 안 된다, 잘난 척하지 마라 등등 강사로서 갖춰야 될 자질부터 해야 하는 공부도, 늘 청강을 데리고 다니시면서 실전을 경험하게 해주셨다.

지금도 자주 연락을 하고 수업도 같이 다니면서 좋은 것 새로운 것이 있으면 제일 먼저 전화 와서 알려주신다. 중증 지적장애를 가진 막내아들을 케어하면서 나한테 쏟는 관심과 애정에 늘 감사드린다. 항상 길을 터주셔서 나는 너무나 수월하게 강사 세계에 푹 빠져 살 수 있다.

강사활동을 한 지는 오래되지 않았다. 하지만 첫 번째 강의는 잊을 수가 없다.

대구시 동구 안심중학교 흡연 예방 강의였다. 중학생들은 강의 듣는 시간은 자는 시간이란 국룰이 있단다. 4교시 1시간 강의라서 소속 협회 강사들 896명 속에 보조를 맞춰 학교에 갔다. 부지런을 떨면서 미장원에 가서 머리 드라이도 하고, 정장에 구두까지 신었다. 같이 강의에 참여한 대표님께서 깜짝 놀라셨다. 흡연 예방 교육을 하러 오는 강사 중에 머리 드라이하고 오는 강사는 처음이라 하셨다. 두근거리는 마음으로 교실로 갔다. 생전 처음으로 강사, 즉 선생님으로서 첫발을 내디뎠다. 무엇이든지 처음은 우리를 설레게 만드는 아주 묘한 재주를 가지고 있다. 그 후 초등학교 중학교 고등학교를 다니면서 흡연 예방, 성교육, 생명존중 등 교육을 하고 있다.

대구 특수학교인 세명학교에서 성교육, 장애인 인권교육 등을 주제로 강의가 들어왔다.

특수학교에서 성교육, 인권교육 등을 진행하였다. 지금의 젊은이들은 아웃사이더-속도의 한계 "누구보다 빠르게 남들과는 다르게"를 외치면서 이 시대를 살아가고 있다. 하지만 세명학교의 학생들은 반대의 생활을 하며 삶을 살고 있다. 그 누구보다 느리게 남들과는 다르게 살고 있다. 어느 누구보다 순수한 영혼을 가지고 있다. 선생님을 부르면서 온몸으로 환영해 주고 말을 할 때도 가식이라고 찾아볼 수가 없는 아이들이다. 하루 일상을 쭉 얘기하면서 즐거워하는 아이들이 말 그대로 순수한 보석들이다. 강사의 시작을 이러한 천사들과 할 수 있음에 늘 감사하고 또 감사했다,

그들에게 나는 얘기하고 싶다. 남들보다 느리고 천천히 가도 된다고 반복에 반복을 하면서 하나하나 배우면서 한 걸음씩 세상을 향해서 나가자고 들려주고 싶다. 한 순간 한 순간이 모두 잊지 못할 순간들이다. 강의를 다녀온 사진들이 하나하나 차곡차곡 쌓이는 것에 행복하다.

강사로서의 새로운 도전은 계속되고 있다. 2022년 6월 29일 그 어

느 때보다 더 설레던 강의를 하였다. 첫 번째 군 강의. 실습강사로 도전을 하는 날이었다. 선임강사와 같이 실습강사 1번, 부강사 2번을 하여야 선임강사가 되면서 혼자 강의할 수 있는 자격이 주어진다. 대구시 북구에 있는 육군 ○작사 ○○사단 정보통신대대가 그 첫 번째 무대가 되었다. 선임강사가 서울에서 대구까지 왔다. 동대구역에서 픽업. 말로만 듣던 군부대로 출발하였다. 처음이라 긴장을 많이 했다. 그때는 왜 그리 긴장이 되던지. 지금 생각하면 웃음이 나온다. 신분증을 챙겨 놓고서는 가져가는 것을 빼먹었다. 휴대폰 신분증으로 본인 확인을 하고 가지고 있던 카드를 맡기고 생애 첫 군부대 강의 하루를 마쳤다. 육군은 3일 동안 진행되는 인성교육이다. 그 첫걸음을 무사히 마치고 부강사도 잘 마치면서 선임 강사로서 자리를 이제는 단단히 굳히고 있다. 이제는 내가 선임 강사가 되어 뒤 기수들의 실습강사 보조강사들의 모범이 되고, 나를 이끌어 주신 선임강사님들처럼 선한 영향력을 끼칠 수 있는 실력과 자질을 갖춰야 되겠다고 다짐을 한다.

올해도 군 강의가 시작되었다. 해군을 필두로 첫 강의의 문을 열었다. 올해도 조은연 파이팅이다.

강사로서의 도전은 끝이 없다. 초등학교, 중학교, 고등학교를 시작으로 주간보호 센터, 복지관 수업, 강사들이 필요한 곳은 무궁무진하다. 그 속에서 자리를 잡고 성공하기 위해서는 엄청난 노력과 공부를 계속해야 한다. 새로운 목마름이 있을 때쯤 만난 〈국민강사교육협회〉 회장 김규인 회장님. 인권 자격증과정부터 인연이 되었다. 끊임없이 계속되는 재교육, 시연에 열심히 참여를 하면서 역량을 계속 키워 나가고 있었다. 드디어 시작된 기업 강의에 입문을 하게 되었다. 제2의 인생을 살아감에 있어서 길을 열어준 〈국민강사교육협회〉에 깊은 감사를 드린다. 2023년 4월에 열린 최고위 명강사 과정에 참여함으로써 더 많은 경험과 자질 향상을 키웠다. 임종체험을 해봄으로써 살아 있는 오늘이 정말 감사함을 다시 한번 더 느끼면서 살 수 있게 되었다. 〈국민강사교육협회〉 최고위 명강사가 되었고 사단법인 국제서비스협회(회장 최은미)의 전임교수라는 스펙도 가지게 되었다. 너무나 좋은 강사들을 만나고 인연을 이어나가는 것이 가장 큰 행운이다.

지금도 강의가 잡힐 때마다 자료를 찾고 준비를 하면서 현장에서도 최선을 다하고 있다. 가는 강의장마다 반갑게 맞이해 주는 담당자님들. 오늘 다녀온 상주의 제조업체에서도 경비를 보시는 선생님께서 친절하게 안내를 해주셨다. 강의장인 강당까지 직접 안내해주셨다. 시간이 좀 남아서 회사를 한번 둘러보고 있으니 커피도 직접 끓여 주셨다. 덕분에 산업안전보건교육을 재미나게 무사히 마쳤다. 노인인력 개발원의 경남지역의 CS 강사가 되었고 진주를 필두로 시니어 노인 일자리 소양교육도 2023년 과정이 시작되었다. 1인 기업으로서의 시발점인 사업자등록증도 발급을 받았다.

키움 융합교육연구소로 새로이 출발을 하고 있다. 누가 시켜서가 아닌 나로서 나의 삶을 살아가고 있다.

하루하루 순간순간이 늘 잊지 못하는 감사함으로 생활을 하고 있다. 모든 순간이 감사하고 행복하다.

무한 지원을 해주고 격려를 해주는 내 편인 신랑과 아이들. "잘한다, 잘한다." 항상 최고라고 치켜세워준다.

힘겹게 사는 모습만 바라보고 계시다가 전혀 다른 삶을 살고 있는 둘째 딸을 진심으로 믿어주면서 조용히 응원을 해주고 계시는 친정어머니가 계신다. 늘 아픈 손가락으로 남을 뻔한 둘째 딸. 이제는 걱정하지 않으셔도 된다고 자신 있게 말씀 드릴 수 있다.

10여 년 전 하나밖에 없는 딸을 하늘의 별로 보내고 늘 그리움에 사시는 시누이. 신랑이 막내라서 엄마처럼 챙겨주시고 또 나를 너무나 진심으로 응원을 하고 계신다. 우리 집 냉장고는 시누이께서 해주신 김치, 반찬으로 가득하다. 얼마 전에 서울 갔을 때 형님이랑 같은 팔찌를 커플로 하자 하시면서 선물을 주셨다. 아침에 눈 떠서 생활하는 하루하루가 나에게는 잊지 못할 순간들이다.

책을 낸 사람이 작가가 아니고 글을 쓰고 있는 사람이 작가다. 부족한 이 글 솜씨로 공저에 도전장을 내고 지금 컴퓨터 자판을 치게 만들어주신 〈국민강사교육협회〉 김규인 회장님, 〈송주하글쓰기아카데미〉 대표 송주하 대표님, 공저에 참여해 같이 작가로서의 꿈을 펼쳐나갈 수 있는 우리 초보 작가님들. 모두 감사하다. 강사로 우뚝 서고 작가로도 우뚝 서기 위해 지금 이 순간도 행복과 감사로 잘 살고 있는 나에게도 감사하다.

4부 ————————

강진희   권미숙   김경우   박심연   유미인

지금은
강사 시대

이서윤   정순옥   정종관   정창교   조은연

나의 꿈은 여전히 강사다

강진희

우린 얼마 전 세계적으로 코로나19라는 팬데믹을 함께 겪었다. 이것으로 2년여 공백이 생기기도 하였다. 그래서일까? 나는 코로나19가 괜히 싫지만은 않았다. 강사라는 직업으로 정신없이 달려 나갈 때 나를 한번 되돌아보는 기회이기도 한 커다란 사건이 되었다.

나라는 사람은 하나에 집중하면 앞만 보고 달리는 성향이 강한 사람이다. 나를 돌아보거나 휴식할 수 있는 시간이 없었다고 할까? 그런 나에게 달콤한 휴식과 함께 새로운 세상으로 인도해준 것 또한 코로나19이다. 언제나 배움의 목마름에 애타고 있을 즈음이었다. 하지만 사람을 만날 수 없는 시간이 길어졌다. 힘든 시간을 지나고 있던 그때, '오픈 채팅방'이라는 새로운 메커니즘이 새로 생겨나기 시작했다. 2022년 1월경 〈국민강사교육협회〉라는 협회를 알게 되었다. 배우는 것에는 항상 아낌없는 투자를 하는 편이었다. 스스로 무엇이든지 찾고 기웃거리는 성격이다 보니 우후죽순으로 생기는 채팅방에 많이 가입했었다. 〈국민강사교육협회〉도 그때쯤 가입했다. 예전에 이미 받아놓고 묵혀두고 있던 자격 증들을 하나둘 꺼내고 있을 즈음, 법정의무교육 자격 과정이 눈에 띄었 다. 예전부터 서울 가서 제대로 된 교육을 받아보고 싶다고 생각할 때였 다.

　가장 눈에 띄는 건 재교육을 무한정 해준다는 사실이었다. 처음에는 그냥 그렇게 하는 재교육이겠거니 생각만 했었다. 코로나로 수입도 많지 않은 시점에 자격증이 있는 과정을 다시 배운다는 게 부담스럽기도 했지 만, 벌써 자격 과정 수업신청서를 작성하고 있던 나를 발견했다. 도대체 다른 곳에서는 어떤 걸 가르쳐주는지도 궁금했고 온라인이라고 하니 특 별한 부담 없이 신청했다. 다른 지역 강사님들과의 교류도 생각해서 전 국 강사협회라고 하니 일단 도전해보자 싶었다. 그런데 이게 웬일일까? 온라인에 접속하신 전국 강사님들의 열정이 대면 강의만큼 뜨거운 것을 보고는 반성하는 계기가 되었다. 온라인이라고 해서 좀 편히 들을 수 있 을 것이라 생각했던 것이다. 내 생각이 바보였음을 깨닫고 그때부터 처 음 시작하는 햇병아리 강사라고 생각하고 열심히 임했다.

　온라인이라고 해서 자격증 하나도 허투루 주시지 않았다. 자격 과정에 참여한 강사님들의 10분의 시연 강의는 상상을 초월했고 내가 초라해지 는 순간이기도 했다. 10분의 강의를 시연하시기 위해 일주일을 넘게 준 비하시는 강사님들도 있었다. 하나하나 메모하면서 내 것으로 만들기 위해 나도 조금씩 연습하고 배우기 시작했다. 강사라는 일을 시작하면서 나는 '배움으로 성장하고 나눔으로 행복한 강사'라는 슬로건을 만들었었다. 뭐든지 열심히 하는 강사로 인정받으려 애썼던 내가 작게만 느껴졌다. 나에게도 시연의 시간이 돌아왔다. 주어진 환경에 준비한 것을 다른 강사님들께 선보이는 날. 그 떨리는 목소리가 아직도 기억에 생생하다. 익숙하지 않은 컴퓨터를 조작하면서 회장님과 여러 교수님과 강사님 앞에서 시연했던 그 시간이 어찌 지나갔는지도 모르겠다. 끝나면서도 쥐구멍에라도 숨고 싶은 생각이 들 정도로 떨렸던 내 첫 시연 시간. 그래도 아쉬워하기보다 조금씩 다듬어 보자고 생각했다. 나만의 방식으로 만들어 준비하면 새로운 모습을 찾을 수 있지 않을까 하는 희망도 가져 보게 되었다.

강사라는 직업이 그렇지 않을까? 내 부족함을 알려주는 가족 같은 강사님들과 함께 성장하면서, 앞으로의 강사 시대를 열어갈 꿈을 키우고 있다.

강사라는 직업을 가지면서 나에게 커다란 변화가 생겼다. 그것은 함께 인생을 설계하고 응원하고 도움 주는 강사님들이 생겼다는 사실이다. 나도 언젠가 책을 써봐야겠다는 막연한 꿈을 위한 첫발을 지금 내딛고 있다.

공저를 진행한다는 공지를 보았다. 공저 1기에 도전하려고 했다. 하지만 그때 다시 몸이 나빠지기 시작했다. 도저히 진행할 수 없는 상황이 안타까웠다. 참여하고 싶은 마음은 있었지만 몸이 따라 주지 않았다. 다행히 얼마 지나지 않아 공저 2기가 새로 만들어졌다. 나의 이야기를 누군가에게 꼭 전하고 싶었다. 욕심일지는 모르지만, 이번만큼은 무조건 도전하자고 마음먹었다. 중간에 다시 컨디션이 나빠졌다. 열이 계속 오르고 편두통이 날이 갈수록 심해졌다. 몸이 좋았던 시절이 그리웠다. 신나게 글을 쓸 수 있었을 텐데, 매번 기한을 넘기고 말았다. 다른 작가님들께도 송구한 마음이 들었다. 중간에 포기할까 했던 순간이 한두 번이 아니다. 하지만 그때마다 용기를 주는 사람들이 있었다.

비록 중간에 건강상의 문제가 생겼지만, 강사는 이제 나의 숙명이라 생각하고 있다. 나의 말과 행동이 누군가에게 도움이 될 수 있다는 사실만으로, 끝까지 끈을 놓지 않을 충분한 이유가 되고 있다. 강의할 때 나를 바라보는 청중의 눈빛, 그리고 표정. 하나하나 잊을 수 없는 순간이다. 비로소 심장이 뛴다. 내가 있어야 할 곳은 바로 강의 무대라는 것을 깨달았다.

타인에게 선한 영향력을 행사하는 데는 여러 가지 방법이 있다. 나는 강사로서 그들에게 도움이 되는 길을 선택했다. 몸 관리를 잘해서 더 나은 강사가 되려고 한다. 지금의 나의 경험 또한 누군가를 살리는 이야기가 되리라 믿는다. 어쩌면 하나의 경험을, 전달하려고 이런 일이 생긴 건 아닐까 생각해 본다. 직접 경험한 자가 말해주는 말이 사람들의 가슴에 가장 와닿는 법이니까 말이다. 그런 의미에서 꿋꿋하게 이겨내려고 노력 중이다.

지금은 비록 시한폭탄을 안고 하루하루를 살아가고 있지만, 숨을 쉴 수 있음에 감사드린다. 또 강사로서 배울 수 있고 그 배움을 또한 나눌 수 있음에 감사한 하루를 마무리한다. 누군가 훗날 이 글이 강사로의 삶을 계획하는 데 조금이라도 도움이 되길 바란다. 이렇게 소중한 기회를 주신 김규인 회장님과 정영혜 교수님, 송주하 작가님께도 지면을 빌려 감사 인사를 드리고 싶다.

이야기를 만들어가는 강사

권미숙

'강사 시대'라는 어감이 참 좋다. 왠지 세상의 중심이 된 듯하고 주도적인 자기를 만드는 것 같아서 어깨가 으쓱해진다. 중요한 것은 하루하루 주어진 삶에 최선을 다하는 모습이 그려진다는 점이다. 강사님, 선생님이라는 호칭 속에는 강사 시대에 발맞추기 위한 갖가지 노력이 숨어 있다. 선생님이란 교사를 높여 부르는 호칭인 선생(先生)을 다시 높인 것으로 원래 고대 동아시아에서 선생은 소수에게나 쓸 수 있는 호칭이었다. 공자 선생같이 학식이나 학예가 뛰어난 사람을 존중하는 의미에서 쓰는 호칭이었기 때문이다. 그러다 타인을 가르치는 사람, 곧 '스승'을 칭하는 호칭으로 의미가 확장되었고, 이것이 오늘날까지 이어지고 있으며 그 중심에 있다고 생각하니 자부심이 느껴진다.

바쁜 현대인, AI가 나오던 영화가 현실이 되고 변화를 더디 느꼈던 예전과는 달리 인터넷으로 하나가 되어버린 세상의 변화는 바다 건너 먼 곳에서 일어나는 상황도 마치 옆집에서 일어나고 있는 것처럼 곧바로 전달된다. 기계화되고 변화무쌍한 시대에 정보와 지식뿐만 아니라 공감과 소통을 하는 직업은 많은 사람들에게 매력적으로 보일 것이다. 강사라는 직업이 가지는 희망은 무엇일까?

첫 번째는 강사라는 직업은 학습자들의 성장과 발전을 돕는 것에 대한 희망이다. 강사는 학습자들의 학습과 성장을 돕는 직업이기 때문에, 학습자들의 발전과 성취를 지켜보는 것만큼 뿌듯하고 보람찬 일은 없을 것이다. 강사로서 자부심과 만족감은 학습자들의 성장과 발전을 지켜보며 얻을 수 있다. 이것이 강사라는 직업의 가장 큰 희망 중 하나이다.

예를 한 번 들어보자. 침대 밖으로의 거동이 힘든 학습자가 있다고 하자. 처음에는 침대와 가장 가까운 곳에 화분을 하나 둔다. 그리고 물을 주는 것이다. 물 주는 횟수가 잦아지면서 움직임이 생기고 화초가 자라나는 것을 보면서 물을 줘야 한다는 의지가 생겨난다. 침대와의 거리가 멀어질수록 학습자의 건강은 좋아지고 삶에 의지가 생겨난다. 결국에는 침대와 거리가 멀어진 화분까지 걸어서 가게 된다는 행복한 이야기이다. 이처럼 누군가에게서 긍정적인 변화를 유도한다면 최고의 교수자가 아닐까?

두 번째는 지식과 교육에 대한 열정과 사명감이다. 강사는 학습자들에게 지식을 전달하고, 사회에서 유용한 존재로서 역할을 할 수 있도록 도움을 준다. 이를 위해 강사는 지식과 교육에 대한 열정과 사명감을 가져야 한다. 이러한 열정과 사명감이 강사의 가장 큰 희망 중 하나이며, 이

것이 강사로서 지속적인 성장과 발전을 이루어 나가는 원동력이 된다. 열정과 사명감은 일상생활 속에서 찾아볼 수가 있다. 세월은 빠르게 흘러 강사 생활을 시작한 지 5년째 접어들고 있다. 코로나로 인해 강의 활동은 주춤하였지만 늦깎이 학생이 되어 학부과정을 마치고 학사과정에 도전하여 배움을 게을리하지 않았다. 아침저녁으로 분주하게 강사의 역할을 향상시키기 위한 다양한 자격과정과 강사 양성과정을 현재까지도 참여하고 있다. 천차만별인 사람들과 마찬가지로 강의의 다양성에 놀라고 배움에 도전하는 생활이 활기차고 소중하다. 얼마 전 모임에서 친구들은 내 모습이 달라졌다고 말한다. 말수도 많아지고 밝은 표정이 젊어 보이기까지 한다고 한결같이 말했다. 지금껏 살면서 가장 잘한 것이 바로 지금 하고 있는 일을 선택한 것이라고 자신 있게 한 술 더했다. 아마도 이러한 변화는 강사로서의 열정과 사명감에서 나온 것이 아니겠는가?

강사라는 직업이 가지는 가능성은 매우 다양하다.

강사는 학습자들의 성장과 발전을 돕는 직업으로, 학습자들의 미래에 많은 영향을 미친다. 따라서 강사는 학습자들의 미래를 영향을 주는 가능성을 가지고 있다. 학습자들에게 지식과 교양을 전달하고, 사회적 가치관을 형성하는 데 큰 역할을 한다. 강사는 새로운 교육 방법과 체계를 개발하고, 이를 통해 학습자들의 학습 능력을 개선하는 데 기여할 수 있다. 다문화 시대에 접어들면서 다양한 교류가 필요해지는 시점에서 다문화 교육을 통해 국제 교류까지도 가능하게 한다. 강사라는 직업의 가능성이 주변에 선한 영향력을 발휘한 경험이 있다. 진로에 대한 고민으로 상담을 요청한 지인을 소개한다. 평소의 내 일상을 잘 알고 있던 지인은 20여 년간 핸드폰 반제품 제조업체에서 근무하던 사람이 갑자기 강사가 되겠다고 하는 말에 어리둥절했단다. 그러던 어느 날 강사로서 다른 사람에게 영향을 주는 모습을 보고 놀랐으며 이제는 롤 모델이라고 말했다. 그리고 자신도 변화하기 위해 요양보호사 자격증을 취득했단다. 그리고 현재는 컴퓨터 자격증을 취득하기 위해 최선을 다하고 있으며 삶을 계획하고 실행하는 모습으로 다가왔다. 편한 직업을 찾아 근근이 살아가던 지인은 강사라는 직업을 가진 나에게서 '하면 된다'는 희망을 본 것이다. 그것으로 끝나지 않고 변화를 모색하고 실행하고 있으니 얼마나 고맙고 반가운지 모르겠다.

며칠 전 지인으로부터 전화가 왔다. 컴퓨터 자격증 취득 소식과 함께 생활지원사에 도전하여 최종 합격하였다는 들뜬 목소리였다. 어찌나 좋아하고 감격스러워하던지 그 목소리가 아직도 귀에 쟁쟁하다. 이처럼 누군가에게 실낱같은 희망 한 자락만 선물하여도 강사 인생은 참 가치 있다고 생각한다.

마지막으로 강사로서 신념은 학습자들의 긍정적인 변화를 돕는 것이라고 거창하게 말해본다. 그리고 일상생활에 적용하고 실행할 수 있는 것을 찾아가는 것이 강의 목표이기도 하다. 이를 위해서는 학습자들과의 소통과 협력을 위해 다양한 교수법을 적용해 보고 연구하는 자세와 학습자들의 다양한 수준과 특성을 고려한 학습활동은 계속해야 할 숙제이기도 하다. 그리고 강사 시대에 발맞추는 열정과 사명감, 그리고 꾸준함이 있는 강사로 지역사회 발전에 기여한다면 더없이 좋을 것이다. 선한 영향력을 주변에 펼칠 수 있다면 우리의 인생이 풍요로워질 것이고 더없이 행복할 것이라고 감히 말해본다.

미리 레셈-펠리의 『내 이야기는 내가 만들 거야』라는 아이들을 위한 그림책이 있다. 붓과 연필을 몇 번 움직여서 씩씩이라는 인물을 만들어 내고 작가의 손에서 탄생한 씩씩이는 작가와 함께 자신의 이야기를 만들어 간다. '이야기를 만든다는 것은 여행을 가는 것과 비슷했어요. 모험을 떠나는 일 같기도 했고요. 즉 즐겁지만, 쉽지만은 않다는 뜻이에요.'

그림책 속에서 작가는 씩씩이가 포기하지 않도록 끝까지 지켜보고 이야기 상대가 되어주며 씩씩이가 어떤 선택을 하느냐에 따라 이야기는 달라진다. 우리의 인생도 마찬가지이다. 강사 시대에 합류한 이들은 새로운 일을 용기 있게 선택해서 합류하려는 씩씩이들, 강의로 만나는 모든 이에게 진심으로 다가가기를 바란다. 그리고 작가가 되어서 자신의 이야기를 만들어가는 과정에 도움을 주는 의미 있는 사람이 되기를 소망한다.

현재를 즐겨라

김경우

50만 원만 벌어 보자고 마음먹고 나가서 일한 지 어언 두 손가락을 넘겼다. 막상 되돌아보면 딱히 남은 게 없는 것 같다. 그래서 더욱 잘하고 있는지 의문이 들곤 한다. 강사라는 직업은 끊임없는 공부의 연속이다. 현재의 트렌드를 알고 미래를 준비해야만 뒤처지지 않는다. 그와 반대로 나이는 먹어가고 머리는 안 따라 주고. 읽고 뒤돌아서면 까먹기 일쑤다. 나이 탓을 해본다. 이런 것을 일명 슬럼프라고 한다. 열심히 공부해도 '콩나물시루 물 주듯이' 물이 다 빠져나간다. 공부한 게 헛것인 것처럼 허무하게 보인다. 그렇지만 어느새 콩나물은 자라 있다. 이렇듯 열심히 준비하면 확실하게 남는 하나는 있다. 바로 조금 더 성장해 있는 내가 보인다.

옥상엔 막내아들이 사준 향기 좋은 재스민이 떡하니 자리하고 있다. 올해도 꽃이 만발해서 곁에 있으면 콧속으로 향기들이 간질거린다. 막내아들이 4학년 때 사다 준 화분이다. 이 꽃을 보고 있으면 애어른 같은 막

내에게 미안하면서도 고마움이 동시에 샘솟는다. 재스민에 얽힌 사연이 있다.

　초등학교 1학년 어버이날이었다. 아들은 일찌감치 아침부터 색종이로 만든 카네이션을 가슴에 달아주고 학교에 갔다. 오후에 집에 와서 보니 엄마 가슴에 카네이션이 안 보인다며 왜 뗐냐고 했다. 서운함이 한껏 묻어나는 목소리였다. 살짝 미안한 맘에 종이꽃이라서 찢어질까 봐 뗐다고 했다. 상처받지 않기를 바라는 마음에서였다. 실제는 종이로 만든 카네이션 꽃을 달고 밖에 나가는 건 오글거려서 뗀 것이다. 다행히 쉽게 수긍하는 눈치였다. 안도의 한숨이 절로 나왔다.

　아들은 2학년이 되었다. 그때도 어버이날이었다. 학교 가기 전에 조화 카네이션을 가슴에 달아주었다. 아들이 학교에 가자 곧바로 조화 카네이션을 뗐다. 오후에 집에 온 아들은 나를 보며 카네이션을 왜 뗐냐고 또 물었다. 밖에 나가보면 사람들이 다들 안 달고 다닌다. 그래서 엄마도 시장에 갈 때 어쩔 수 없이 떼고 갔다고 했다. 잔머리를 굴려 이번에도 잘 넘어갔다.

　3학년이 되자 아들은 어버이날에 화분으로 된 생화 카네이션을 사 왔다. 예뻤다. 이번엔 한 달이 넘게 열심히 물을 주었다. 그런 나의 노력에도 불구하고 허무하게 화분 속 생화 카네이션은 생명을 다하고 말았다. 이를 지켜본 아들이 말은 안 했지만 속상해하는 눈치였다. 그런 아들에게 미안한 맘이 컸다.

4학년이 되었을 때 아들은 엄마가 좋아하는 나무가 뭐냐고 내게 물었다. 향기가 끝내주는 재스민을 좋아한다고 했다. 오후에 집에 온 아들의 양쪽 손에는 버거워 보이는 큰 재스민과 다육 화분이 들려 있었다. 얼굴에는 화분의 무게보다 더 큰 행복함이 가득 담겨 있었다. 아들은 하굣길에 꽃집에서 두 개의 화분을 사서 양손으로 들고 낑낑대며 학원까지 들고 갔다 집에 가지고 온 것이다. 한껏 행복해하며 화분을 들고 다녔을 아들의 모습이 그려졌다. 엄마에게 선물할 생각으로 기분이 좋았다며 함박웃음과 함께 화분을 어버이날 선물로 주었다. 진한 감동이었다. 감동의 크기만큼이나 향기가 가득했고 지금은 남편과 함께 잘 키우고 있다. 상대방에게 행복을 주면 같이 행복해진다는 것을 그때 느꼈다. 열심히 노력하는 아들의 모습이 그랬다. 교육하면서 많은 이들에게 행복을 나눠주는 노력하는 강사가 되어야겠다는 마음이 한가득 들었다.

우리는 100세 시대를 살고 있다. 앞으로는 의학과 과학의 발달에 힘입어 150세까지 살 수도 있다. 한정된 소득, 그 반면에 우리는 죽을 때까지 소비하며 산다. 사람들은 소득을 얻기 위해 직업을 갖는다. 나이 먹고 몸

아픈 것도 서러운데 불러주는 곳이 없다. 속상하지만 바꿀 수 없는 사실이다. 소득을 위해 치열하게 살다 보면 여기저기 구덩이도 있고, 길고 긴 터널도 있다. 이렇듯 세상은 만만하지 않다.

각각 다른 장소에서 자란 두 과일이 있다. 온실에서 키운 과일과 자연에서 자란 과일이 있다. 둘을 비교해 보면 온실 속 과일은 야리야리하다. 당연히 벌레도 안 먹고 모양도 예쁘다. 자연에서 자란 과일은 세찬 비바람과 뜨거운 햇빛을 온몸으로 다 받는다. 껍질은 상처 나고 뻣뻣할 수 있다. 과연 온실과 자연에서 자란 과일 중 어떤 것이 더 달고 맛이 있을까? 자연에서 자란 과일이 맛이 더 좋다는 것을 먹어 본 사람은 알 것이다. 사람도 마찬가지다. 즐거움보다는 힘듦을 겪은 후에야 더 많이 성장한다.

강사 활동 덕분에 값진 경험을 하고 있다. 이러한 경험들이 살아가면서 큰 힘이 될 것을 믿는다. 교육을 갈 때 교육생들과의 눈높이를 맞추기 위해 항상 준비하는 것이 두 가지가 있다. 하나는 선물이고 또 하나는 바로 나이다. 선물은 바리바리 챙겨 가고, 나이는 놓고 간다. 교육생들에게 퀴즈를 낸다. 내가 오늘 집에서 나오면서 놓고 온 게 무엇일까요? 대다수의 교육생 대답은 이렇다. "차 열쇠 놓고 온다.", "지갑 놓고 온다.", "돈 놓고 온다.", "정신 놓고 온다." 헉! 정신을 놓고 온다고? 그때 말을 한다. "정답은 나이입니다." 앞으로도 교육을 갈 때 나이는 반드시 집에 놓고 가기로. 내게도 바람이 있다. 내일 즐거워지길 바라지 말고 지금 즐겁게. 교육도 마찬가지이다. 즐거움, 유익함, 재미와 보람이 있길 바라는 건 강사와 교육생들이 다 같다. 지루한 교육은 가라. 강사 활동하면서 지루함은 독약이다.

시곗바늘은 쉼 없이 돌아가지만, 항상 새로운 시간이다. 다채로운 경험을 하고 싶다면 일곱 빛깔 무지개 체험이 가능한 강사 직업을 강력하게 추천한다. 열정만 있어도 50%는 먹고 들어간다. 주위에서 보면 정년퇴직 후 강사 활동을 시작하는 사람도 많다. 내가 아는 지인은 70세의 나이로 학교에서도 기업에서도 강사 활동을 활발히 하고 있다. 그분은 제2의 인생을 살고 있고 강사들에게 롤모델이 되고 있다. "나이야 가라. 나이야 가라. 나이가 대수냐." 이런 노랫말 가사가 있다. 이렇듯 강사라는 직업은 정년이 없다. 나 하기 나름이다. 그래서 더욱 매력적으로 다가온다.

우리는 혼자 살지 않고 더불어 사는 사회에 살고 있다. '빨리 가려면 혼자 가고, 멀리 가려면 함께 가라'고 누군가 말했다. 새로운 경험에 목마른 사람들에게 감히 말해 본다. 함께 하자고, 멀리 가자고, 지금 당장 강사의 길을 경험해 보라고!

잠재력을 이끌어주는 강사

박심연

    사회는 급격하게 변화하고 있다. 산업 또한 급속도로 발전을 거듭하고 있다. 내가 유년 시절에 보았던 직업 중 지금은 사라지고 없는 직업도 많다. 과거 성수동에는 수제화를 만들어 파는 가게가 즐비했다. 이제는 기성화에 자리를 내어주고 수제화 가게들은 찾아보기 힘들 정도다. 사람이 해오던 일들이 기계에 밀려 자리를 잃게 된 것이다. 하지만 우리가 생각하지 못했던 새로운 직업들이 무수히 많이 생겨나고 있다. 재미있는 춤만 잘 춰도, 맛집이나 좋은 관광지를 많이 알기만 해도 SNS를 통해 정보를 공유하고 그것을 수익화하는 유튜버(youtuber)나 인스타그램 인플루언서도 생겨났다. 요즘 청년들은 한 직장에 얽매이지 않고 자신이 하고 싶어 하는 일을 한다. 또한 잘할 수 있는 일들을 개발한다. 하나의 직업만이 아닌 다양한 일을 하는 N-잡러를 흔히 볼 수 있게 되었다. 하나의 직장에 구속되지 않고 초단기 노동을 하는 긱워커(Gig Worker)로 살거나, 프리랜서로 활동하는 사람이 많아졌다. 1인 지식기업인들도 넘쳐난다. 다양한 분야의 강사도 무수히 배출되고 있다.

요즘은 사람들이 알고 싶은 정보나 지식 등을 인터넷 검색을 이용해 언제든 가볍게 찾아볼 수 있는 시대이다. 하지만 아이러니하게도 현대는 강사가 대세라고 한다.

세상이 더 많이 발전한다고 해도 AI가 대체할 수 없는 영역이 있다. 학문적 지식만을 전달하는 일은 기계에 대체될 수 있다. 그러나 마음을 움직일 수 있는 감동은 기계가 대신하지 못한다.

세상을 살아가다 보면 내게 닥친 문제를 함께 의논하고 앞길을 조언해줄 누군가를 간절히 원할 때가 있다. 학문적으로 지식을 넓혀 줄 선생님은 넘치지만 자신 안의 문제를 해결하고 인생의 등불이 되어주는 진정한 멘토는 그리 많지 않다. 인생의 후배들에게 그런 등불이 되어줄 수 있는 진정한 멘토가 필요하다.

대학에서 취업 특강을 진행하다 보면 어떤 날은 수강생의 반도 안 되는 인원이 참석하기도 했고, 또 어떤 날은 추가 인원이 들어오기도 했다. 그럴 때는 강의장이 비좁아 어수선한 때도 있었다. 하루는 베트남 유학생들에게 취업 특강을 하는 날이었다. 취업시 면접 준비에 관한 강의였다. 강의 신청 학생은 20명이었다. 학과 수업이 끝나는 오후 시간 강의였다. 하지만 참석한 인원은 고작 7명. 한참을 기다려도 더 이상의 학생들은 오지 않았다. 참석한 학생들마저도 아르바이트를 가야 한다며 일찍 가기를 희망했다. 머나먼 이국땅으로 유학을 온 학생들이었다. 하지만 취업 강의엔 관심이 없는 이들에게 어떻게 동기부여를 시켜야 할지 고민되었다. 한국으로 유학을 온 이유를 물어보았으나 그들은 뚜렷한 목표도 꿈도 없었다. 한국에 가면 돈을 많이 벌 수 있다는 막연한 코리안 드림을 안고 온 학생들이었다. 이런 학생들에게 꿈을 만들 수 있는 동기부여가 필요했다. 이날 준비한 면접특강은 의미가 없어 보였다. 직면해야 했다. 그들의 고향 이야기를 물었고, 한국행 비행기를 탈 때의 마음을 이야기해보게 하였다. 부모님은 어떻게 지내고 계시는지 부모님을 생각하게 하는 질문을 던졌다. 학생들의 눈빛이 점점 변해갔다. 의자 등받이에 기대앉아 있던 학생들은 책상에 몸을 기대오기 시작했다. 다른 학생들이 이야기할 때는 그 친구를 바라보며 관심을 보였다. 마음이 움직이고 있다는 것을 짐작했다. 1시간의 강의로 그들을 변화시킬 수 없다는 것을 안다. 하지만 그들의 마음에 작은 물결이라도 칠 수 있게 한다면 다행이라 생각했다. 그들과 소통하고 스스로 생각할 수 있게 만든 시간이 조금이나마 의미가 있었다.

나에게 왔던 모든 변화는 예견된 우연이라 생각한다.

퇴직 후 2년간 지속해서 경험하고 준비한 모든 것들이 지금의 나를 만들었다. 지금 나는 프리랜서로 일하고 있다. 강사이면서 직업상담사가 나의 직업이다. 전직 지원 컨설턴트가 되어 후배들에게 상담과 강의를 한다. 내가 경험한 모든 것이 그들과 공감할 수 있는 이야기 소재가 되었다.

얼마 전 목포에 있는 한 기관에 퇴직자들 전직 지원 강의를 다녀왔다. 이미 다니던 직장에서 퇴직 경험을 한 터라 그들의 심정이 어떠할지 짐작할 수 있었다. 나이에 밀려 어쩔 수 없이 다니던 직장을 떠나야 하는 그들은 낙심하고 분노에 차 있었다. 불확실한 미래에 대해 불안감을 가지고 있었다. 앞으로 어떻게 시간을 보내며 살아가야 할지 막막하고 공허함마저 든다고 했다. 그들에게 공감했다. 퇴직 이후 나의 경험담을 이야기했다. 나의 퇴직과 전직이 그들에게는 의외인 듯한 표정이었다. 그들의 이야기를 듣기로 했다. 직장에서 그리고 가정에서 그동안 자신이 해온 일들을 이야기하게 했다. 자부심을 느낄 수 있게 공감해 주었다. 그들이 오랜 시간 이뤄온 업적은 영광스러운 월계관과 같다고 칭찬을 아끼지 않았다. 한 여성 수강생이 손수건으로 눈물을 닦았다. 마음의 위안을 얻었다고 했다. 퇴직 후에 하고 싶은 일이 생겼고 희망이 보인다고 했다. 난 그에게 감사하다고 인사를 건넸다. 그 수강생은 내가 알고 있는 지식과 정보가 강의의 전부가 아니라는 것을 다시 한번 깨닫게 해주었다. 청중에게 감동을 주는 것은 지식이 아니라 진심이었다.

강사라는 일은 대단히 매혹적이다. 매혹적이라는 점은 위험성을 가지고 있다는 것이다. 아름다운 장미꽃에만 취해 있다가 미처 보지 못한 장미 가시에 찔릴 수도 있기 때문이다. 많은 사람이 강사가 되기를 희망한다. 지식을 가지고 있다고 해서 강사로서 요건을 갖추었다고 할 수 없다.

우리는 다른 사람들을 변화시킬 힘을 항상 가지고 있지는 않다. 하지만 자신을 변화시키는 데 필요한 힘은 잠재돼 있다. 강사는 자신을 스스로 변화시킬 잠재된 힘을 일깨워주는 역할을 해야 한다.

갈릴레오 갈릴레이는 "우리는 누구에게 그 어떤 것도 가르쳐 줄 수 없다. 단지 스스로 자신 안에서 그것을 발견하도록 도울 수 있을 뿐이다." 라고 말했다. 지식과 정보가 넘쳐나고 빠른 변화에 적응하기 위해 지쳐버린 현대인들이 필요로 하는 선생은 어쩌면 정신적 멘토가 아닐까 한다. 다른 사람의 경험을 공유하고 스스로 목표를 점검해 보게 해야 한다. 더불어 자존감을 높여 실행해 나갈 수 있게 한다면 그보다 큰 스승은 없을 것이다. 이 시대에 '진정한 강사'가 필요한 이유이다.

경험을 통한 성공의 길 찾기

유미인

위기에 직면하면 성장과 변화의 기회가 있는 경우가 많다. 코로나19 팬데믹은 부정적인 영향에도 불구하고 개인 및 직업 개발의 기회를 제공했다. 오픈채팅방은 새로운 세상을 여는 관문이 되었다. 지식을 공유하고 소통할 수 있는 플랫폼을 제공한다. IT, 컴퓨터, 스마트폰의 세계가 강사에게 무한한 기회를 열어주었다는 것을 깨닫고 온라인 무료특강의 가능성을 인식했다. 위기는 새로운 길을 모색하고 역량을 확장할 기회가 되어준다. 지치지 않고 달려가겠다는 나의 의지와 열정의 힘에 대한 믿음이 도전을 이겨낼 수 있었다. 다양한 접근 방식을 채택하고 열정적으로 작업을 수행하고 현재의 노력에서 성공이라는 목표에 집중했다.

성공을 이루기 위해 나는 특정한 것을 버리고 새로운 환경에 적응해야 할 필요성을 알고 노래 강사로서의 강점에 맞는 독서 모임을 시작으로 배우기 시작했다. 소리 내어 읽기를 연습했고, 공유된 학습과 피드백의 이점을 즐기면서 목소리와 폐활량을 증가시켰다.

새벽 기상, 오픈방을 개설하고 지금껏 무료특강을 일주일에 한 번씩 해왔다. 비가 오나 눈이 오나 명절도 휴일도 내가 코로나 감염 때도 한반도 쉬지 않고 2년 이상을 해왔다. 물론 나 혼자 이끌어 간 건 아니다. 오픈방이 없거나, 강의 하고 싶은데 강의할 자리가 없거나, 나같이 혼자 할 수 없는 강사님들과 함께 이루어 냈다. 그러면서도 스승님과의 끈은 계속 이어왔고 스승님의 서브 역할까지 함께 해왔다.

저녁 강의하자면 했고 그룹 코칭을 하라면 했다. 그리고 교육 과정을 열자면 열었다. 어느 날 새벽 강의를 한다고 같이 하자고 했다. 사실 처음엔 망설였다. 매일 저녁 늦게 잠을 자던 버릇이 있었던 터라 새벽 기상은 자신이 없었다. 남편이 건축일을 하기에 새벽 일찍 출근을 했다. 그래서 일어나는 건 문제가 아니었는데 남편이 출근하면 조금 더 자던 습관이 있었다. 자신 없었지만, 스승이 하자는데 해야 하지 않는가? 그래 한번 해보자. 그렇게 결심하고 시작한 지 벌써 2년 반이 흘러갔다. 새벽 5시 기상 남편 아침 준비하고 30분부터 컴퓨터를 켜고 자리에 앉아 스승님 강의 듣고 각자 루틴 시간을 갖는다.

새벽 루틴을 시작하면 하루가 즐겁다. 잘 시작했다. 지금도 잘 해나가고 있다. 장점이 너무 많다. 일찍 일어난 새가 먹이를 많이 먹는다고 했던가? 정답이다. 시간에 쫓기지 않고 그날 할 일은 그날 할 수 있다. 새벽 독서도 하고 일기도 쓰고 할 일도 정리하고 하루가 완벽해진다.

나의 새벽 루틴은 이렇게 시작된다. 강의 시간이 시작되면 첫 번째로 구글킵에 일과를 메모한다

1. 매일 오픈방과 카페, 인스타에 인증할 명언을 작성하고 카드 뉴스를 만든다.

2. 목표 100번 쓰기를 한다.

   종이 위에 쓰면 기적이 일어난다고 했다. 예를 들면 3개월 동안 고객 5명 늘리기 이런 글이다.

3. 시사 뉴스나 책 베껴 쓰기(필사)

4. 감사 일기 쓰기

   예) 오늘 강의 듣다가 강의 시간이 늦어져 저녁 준비를 못 했는데 남편이 피자 시켜 먹자고 해서 피자 한 판 시켜서 맛있게 먹었습니다. 감사합니다.

5. 할 일(개인 일정)

   예) 오후 5시 제안서 관계로 기관 K주무관님과 미팅

두 번째. 구글 캘린더에 일정 정리한다.

위 메모에 약속이 있거나 하면 시간에 맞게 캘린더에 일정 정리한다.

세 번째. 루틴은 요일별로 다르다. 미니독서, 블로그, 컴퓨터 활용, 스마트폰 활용 등.

네 번째. 이후 시간은 개인 루틴을 한다.

예) 앞에 루틴을 다 못한 분은 하기도 하고, 나는 주로 독서를 한다.

전자책 읽기 또는 듣기로 아침 루틴을 마무리한다.

이렇게 새벽 기상은 나의 성공의 길로 인도한다.

매일 성공의 길로 인도하는 아침 루틴을 반복하며 조금씩 성장해 가고 있는 나를 발견할 때마다 나 자신을 칭찬한다.

우리가 힘들 때 다시 일어서는 힘은 자존감이다. 셀프리더십. 나 스스로 나를 칭찬해주고 사랑해 줄 수 있어야 다른 사람도 사랑하고 위로해 줄 수 있다. 나 자신은 망가지고 있는데 어찌 남을 생각할 겨를이 있을까? 오늘도 긍정 내일도 긍정 나는 매일 외친다.

긍정확언.

나는 왜 이렇게 사랑받을까. 나는 왜 이렇게 행복할까. 말은 뇌를 지배한다고 했다. 행복을 말하면 행복해지고 불행을 말하면 불행해진다. 매일 새벽 기상을 하며 외치는 한마디, 오늘도 건강하게 일어나 웃을 수 있는 하루 만들어 갈 수 있게 해 주셔서 감사합니다.

경험이 돈이 되는 세상. 앞에서 말했듯 경험은 우리에게 큰 재산이 된다. 언젠가는 책을 써야지 하는 막연한 생각만 가지고 있었다. 〈국민강사 교육협회〉 김규인 회장님과 정영혜 교수님의 배려로 잘 쓰진 못하지만, 공저를 함께하게 되어 무척 행복하다. 봉사하며 알게 된 경험, 초보 강사로 느꼈던 희로애락, 나의 발전을 위해 꾸준히 노력하고 공부했던 경험들. 이 모든 경험은 나에게 큰 힘이 되어주고 이력이 되는 나의 자산이다. 여기에 오기까지 인생의 힘이 되어주고 성장시켜준 멘토(스승님)와 책 속의 스승이 없었다면 이루어내지 못했을 것이다. 이 자리를 빌려 다시 한번 감사드리고 싶다.

『고교중퇴 배달부 연봉 1억 메신저 되다』의 저자 박현근 코치는 처음 오픈방에 눈을 뜨게 해준 작가다.

『DID로 세상을 이겨라』의 저자 송수용 대표는 나의 강점을 찾아 더욱 더 발전시켜준 사람이다.

독서법을 강의하시며 많은 사람을 독서로 인도하신 박대호 대표.

IT강자 컴퓨터와 스마트폰을 연구하고 개척하며 널리 사용법을 전파하시는 김종학 대표.

강의에 대한 즐거움과 내가 강사라는 걸 다시 한번 일깨워주신 『고맙습니다, 내 인생』의 저자 〈국민강사교육협회〉 김규인 회장님. 이분들이 없었다면 지금의 나도 없었을 것이다.

나를 감성적인 강사로 만들어준 수많은 책.

'나는 시간 부자로 살 것인가, 시간 거지로 살 것인가'를 생각하게 해준 박성길, 이완의 『시간부자』, 진짜인생 나는 어떤 모습으로 살 것인가? 간절히 원하는 그 모습으로 살아라, 삶의 중심에는 모든 순간을 긍정적으로 바라보는 내가 있어야 한다. 강헌구의 『가슴 뛰는 삶』, 내 삶을 더 밝고 단단하게 만들어주는 나폴레온 힐의 『인생수업』, 현실밖에 없는 인생은 병자의 삶이다. 진정한 나와 대면하는 변화의 기술 구본형의 『그대, 스스로를 고용하라』, 타인이 만든 법칙과 길, 이정표가 아니라 오롯이 자신의 목소리를 따라간 사람들 위너, 불가능을 뛰어넘어 최후의 승자가 된 사람들 보드 섀퍼의 『이기는 습관』 외 많은 책이 있다.

우리가 책을 통해서 성공한 사람들의 사례를 가지고 따라 하듯이 내가 성공하면 또 누군가는 나의 성공한 길을 따라 할 것이다. 나의 경험과 행동과 지식이 누군가에겐 반드시 도움이 될 것이기에 이 글을 쓰면서 생각한다. 누군가 나보다 더 어렵고 힘든 일이 있다면 나의 경험을 보고 다시 일어서고 끝까지 힘을 내서 도전해 보길 바란다.

빛의 내일을 상상하라

이서윤

감정이 복잡한 시기를 보낸 적이 있다. 정확하게 표현하자면, 체력이 떨어져 우울했다.

2020년 1월 초 때였다. 사업 공모를 두 개 쓰고 접수했다. 며칠 동안 기획하느라 힘들었는지, 다음날 몸살 증세가 있었고 갑자기 가슴 앞쪽이 벌레가 쏜 듯 따끔했다. 수포가 보였고 부위가 넓어졌다. 아침이 되자마자 병원에 갔더니 대상포진이라고 했다. 처방받은 약을 먹고 저녁에는 경영자 대상 새해 비전 선포식에 참석했다. 기업대표는 아파도 꼭 참석해야 하는 곳이 있다. 관내 사경 경영인들과의 연초 인사를 하는 자리니 한 해 사업을 위해 무조건 가야 한다. 한 열흘 통증으로 고생했더니 가라앉았다.

코로나19 첫 백신 접종 후에 심한 부작용이 생겼다. 접종한 팔이 마비되고 구토가 일어나고 어지러워 꼬박 12일을 타이레놀로 버텼다. 다행히 미열만 있어 응급실행은 면했다. 살면서 응급실은 제일 피하고 싶은 곳이니까. 2차 접종 이후엔 몸 여기저기가 탈났다. 장이 예민해지고 간 수치가 오르고 경동맥 초음파에서는 이상 소견으로 당장 약을 복용해야 한다고 했다. 외과에서는 가슴 조직 검사를 하자고 하고, 정형외과에서는 어깨에 석회를 깨자고 했다. 욕실에서 미끄러져 왼쪽 어깨를 다친 이후, 오른쪽 팔을 무리하게 사용했나 싶었다. 30년째 관리해 온 갑상선 결절이 갑자기 커져 조직 검사가 필요하다고 했다. 아팠던 예전으로 다시 돌아간 기분이었다. 몸이 힘드니 교육이 끝나면 쉽게 지치고 집안일 하기가 귀찮았다. 건조된 빨래를 개키지 못하고 수북이 쌓아놓는 때도 있었다. 그런 시간이 길수록 자존감이 뚝뚝 떨어졌다. 치료를 위해 병원에 다니며 강의를 계속할 수 있을 것인지에 대해 고민이 되고 강사로서의 내일이 불투명해졌다.

연초에 두 개 분야의 강사 오디션에 아예 참여하지 않았다. 사업으로 진행한 교육은 다른 강사에게 배당했다. 쉬고 있는데 생각지 못한 문제가 생겼다. 강의는 멈추면 실력이 녹슨다는 것이다. 강의 만족도 조사는 교육 대상자도 하지만 강사 스스로 만족도를 점검한다. 만족도에서 자신에게 주는 점수가 낮다. 아예 그만두지 않으면 쉬어서도 안 되는 게 강사라는 직업이다. 주변 강사들에게 뒤처지는 생각이 드니 조바심이 생겼다. 법인 대표직을 수행하고 있으니, 강의를 아예 접을 수도 없었다. 특히 교육기업은 타 기업과 협업할 때가 더러 있었고, 기업대표들과 만날 때가 종종 있었다. 그전까지는 만나면 대화를 잘 나누던 사이였는데 어느 순간 내가 거리를 두었다. 불만족한 시기였다. 반면 좋은 소식도 있었다. 몸이 쉴 만큼 빨리 회복된 것이다.

내 사정을 아는 지인은 스트레스가 많은 대표직을 다른 사람에게 빨리 넘겨버리고 본인 사무실에 와서 일하라고 했다. 어떤 이는 동업 제안을 했다. 동업을 권하던 사람은 내 생년월일을 묻더니 철학관에 다녀왔다고 한다. 사주풀이를 해보니 함께 일하면 내가 그 사업장에 불을 지펴준다며 적극적으로 동업을 제안했다. 관심과 지지는 고맙지만, 아는 사람끼리 관계가 틀어질 일이 염려되어 정중히 사양했다. 임시 회의를 통해 대표직 사임 건에 대해 의사를 밝혔다. 전부 자신들은 역량이 안 되어 대표는 못 한다고 했다. 그 와중에 다음 대표로 점찍은 사람이 여러 사정으로 이사직을 사임했다. 아픈 사람에게 계속 대표직을 수행해달라는 사람들이 야속했다. 우여곡절 끝에 새 대표 취임 후 나는 고문 역할을 하기로 했다. 나는 평소 잠을 깊이 못 잔다. 잠이 부족하니 금세 피곤하다. 하지만, 새 대표가 내정된 날 모처럼 잠을 푹 잤다.

2023년은 내 생에 있어 변혁의 해다. 소속된 법인에서 발을 빼니 독서 시간이 생겼다. 온전히 나에게 집중하는 중이다. 새로운 영역에 도전하며 교육과 재교육을 통해 강사로 거듭나는 시기다. 여유도 잠시였다. 잘

나가는 강사가 되기 위해선 여러 가지를 해야 한다. 아침 5시 반이면 눈을 뜬다. 몸은 시간에 맞춰 깨는데, 정서적으로는 습관이 잡히지 않아 늘 피곤하다.

나는 종종 '어떤 내일을 상상하는가?'라고 자신에게 묻는다. 강의 분야는 전문적이면 좋겠다. 시대 흐름에 뒤처지지 않는 강의를 위해 의식이 깨어 있어야겠고 산업 흐름을 읽는 눈을 가져야겠다. 같은 강의라도 품격 있는 강의를 할 것이다. 따뜻하게 청중을 사로잡는 이금희 아나운서처럼, 거침없이 분위기를 사로잡는 김미경 강사처럼, 온몸으로 강연하는 김창옥 강사처럼 나도 언젠가는 강의를 넘어 강연가가 되고 싶다. 나의 얘기를 하고 너의 이야기를 듣고 우리 얘기로 풀어 사회를 연결하고 세상의 가치를 나누는 강연을 할 생각이다. 다만, 아직은 준비 중이다.

소셜벤처 교육 가치 편에 나오는 '욕구'는 자신의 인생 설계도를 계획한다. 15년 계획도로 최종 목표를 두고 5년 주기로 중간 목표를 적는다. 강점과 단점 그리고 보완할 점과 노력할 점 및 실천할 것을 적는다. 목표로 향하는 길은, 처음에는 그려지지 않다가 불쑥 떠오르는 키워드로 시작하여 최종 목표로 가기도 한다. 계획표를 작성하고 나면 개인별로 발표하게 한다. 발표하면 계획대로 이루어진다고 하면 학생들은 재빨리 손을 든다. 발표를 다 듣고 목표가 이루어지는 비밀을 말해준다. 바로 네가 비밀의 주인공이다, 라고 하면 고개를 갸우뚱한다. 자신의 목표와 실천 사항을 발표(공표)했기에 이루어진다고 해도 이해를 못 한다. 목표를 발표하는 것은 말로서 약속한 것이고 그 말이 입 밖으로 나가는 순간 자신의 무의식 속에 그걸 이루려는 작동이 시작된다. 단, 계속 실천한다면 가능하다. 그제야 학생들이 이해한다.

강사로서 나의 미래를 여기에 다짐한다. 대중에게 목표를 공표한 것이다. 신뢰를 전하는 강사가 나의 슬로건이다. 신뢰를 위해서 이 순간부터 나만의 콘텐츠 기획하기와 전문 분야 발굴하기를 실천할 것이다.

올해는 가족에게 집중할 시간에도 줌 온라인에 들어가 특강과 재교육을 듣는다. 그 때문에 우리 가족은 금요일 외식과 휴일 나들이를 포기했다. 아이들이 성장하니 주말에 가족 전체가 움직이는 행사가 줄기도 했고 올해부터는 자연스럽게 따로 놀기도 한다. 한 공간에 있으면서도 딴데 집중하는 나를 두고 안 놀아준다며 남편이 많이 아쉬워한다. 그러면서도 항상 적극적으로 지원하고 격려해 준다. 가족 행사를 하려면 내 일정을 먼저 묻는다. 배려하는 가족에게 미안하고 고맙다.

나는 남들보다 강사로서 늦게 출발했다. 이따금 조바심이 생기지만 늦은 것은 없다. 사람마다 꽃이 피는 시기와 열매가 달리는 시기가 다르다. 어떤 이는 이른 봄의 꽃을 피우려 노력하고 누군가는 여름꽃을 피운다.

어쩌면 나는 가을꽃을 피우는 것은 아닐까? 그 시기가 겨울이 아닌 것이 얼마나 다행인가. 혹여 꽃눈이 생겼는데 눈이라도 뒤집어쓴다면 어떻게 할까. 꽃망울이 떨어질 염려를 하지 않아도 된다. 그런 와중에 좋은 소식이 있다. 2023년 6월 28일 자로 만 나이가 적용된다. 연말이 생일인 나는 2년이라는 시간을 선물 받은 것이다. 보따리 속에 든 내용이 실하다. 강사로서 늦은 출발이어서인지 스스로 검열하던 나이의 제약에서 풀린 것 같아 한결 마음이 가볍다.

나처럼 늦은 나이에 강사가 되고 싶거나 공부하는 이들이 있다면 걱정하지 말길 바란다. 남들과 비교하지 말고 자신과 잘 대화하며 원하는 목표를 향해 묵묵히 노력한다면 늦은 출발이란 없다. 나는 기꺼이 당신들의 인생에서 가장 빠른 출발을 응원한다.

희망이라는 길 위에 서다

정순옥

직업은 생계를 유지하기 위하여 자기 적성과 능력에 따라 일정한 기간 계속하여 종사하는 일, 즉 사회활동이라고 할 수 있다. 직업은 시대 흐름에 따라 변화한다. 한국고용정보원에 따르면 2019년 12월 기준 한국직업 사전 통합본 제5판에 수록된 우리나라 직업 수는 1만 6,891개이다.

4차 산업혁명 등의 기술 발전을 생각해 볼 때 현재 그 종류는 훨씬 많을 것이다. 100세 시대를 사는 현재, 인생 이모작 혹은 삼모작을 준비하는 중년층도 제2 또는 제3의 직업을 찾기 위해 자기 계발에 힘쓴다. 이런 시대적인 흐름으로 봤을 때 강사라는 직업은 충분히 매력적이라고 할 수 있다. 인생의 전반부를 각자의 전문 분야에서 역량을 발휘하며 살아냈다면, 그것을 토대로 인생 후반부 이모작 제2의 직업을 강사로 선택할 때 든든한 밑거름이 되어줄 수 있기 때문이다. 왜냐하면 감성을 전달하는 강사라는 직업의 가장 큰 영향력 중 자기 경험에서 나오는 진정성을 배제할 수 없기 때문이다.

우리나라 속담에 '열두 가지 재주에 저녁거리가 없다'는 말이 있다. 재주가 여러 방면으로 많은 사람은 한 가지 재주만 가진 사람보다 성공하기 어렵다는 말이다. 그러나 이제는 다방면의 재주가 없으면 성공하기 어려운 시대가 왔다. 맨 처음 강사를 준비하면서 여러 강좌를 들으며 취득한 자격증이 수십 개가 넘는다. 주위 사람들은 한 가지 분야에만 집중해서 공부하라고 충고하기도 하였다. 사실 나도 그런 고민을 하지 않은 것은 아니었다. 수박 겉핥기식의 얕은 지식으로 흉내만 내고 다니는 강의를 하는 건 아닌가 하는 고민에 빠진 적도 있다. 그런데 티끌 모아 태산이라는 말처럼 다양한 분야의 배움은 강의 현장에서 조화로운 색깔이 되어 강한 시너지로 나타났다. 강사는 어떤 분야의 강의를 하던 대상자의 욕구를 파악하고, 소통으로 메시지를 전달해야 한다. 그러기 위해 끊임없이 학습하고 많은 경험을 쌓기 위해 노력한다.

전에 F 센터에서 부모들을 위해 자녀 성교육의 이해라는 강좌를 들으러 간 적이 있다. 유능한 강사 섭외를 위해 서울에서 초빙한 이 분야 최고의 박사이고 대학교수라는 약력을 소개했다. 기대감을 갖고 주말 시간을 내서 수강 신청을 했다. 세련된 제목의 자료를 띄워 놓고 강의가 시작되었다. 한 시간 강의 중 80%를 통계 자료를 제시해서 설명했다. 그곳이 대학교 강의실이었으면, 성공적인 강의였을 수도 있을 것이다. 하지만 엄마들의 욕구는 달랐다. 사춘기 자녀의 성에 대해 이해하고 자녀에게 올바른 성교육을 할 수 방법에 대해 말문을 열고 싶어 했다. 예상했던 대로 최하의 강의평을 받고 다른 강사로 교체되는 일이 벌어졌다. 강사는 학자와 다르다. 요리를 할 때도 그렇다. 아무리 신선한 최상급의 식재료가 주어진다고 해도 요리 순서를 어떻게 할 건지, 거기에 맞는 양념을 적절하게 배합해서 대중들이 원하는 맛으로 표현하는지에 따라 음식에 대한 평가도 달라진다. 강사 또한 그러하다. 전문적인 지식만 갖고 있다고 해서 명강사가 될 수 없다. 전문적 지식 위에 대상자에게 맞는 적당한 교수법의 양념들을 적시 적소에 잘 적용할 수 있는지에 따라 강의 성공 여부가 결정된다고 할 수 있다.

맨 처음 환경 수업을 시작할 때 나의 애칭은 '쓰레기 선생님'이었다. 생활환경 분야 중 자원순환 부분의 수업을 진행했다. 교구 활동으로 쓰레기봉투와 생활 쓰레기를 갖고 다니면서 '비운다. 헹군다. 분리한다, 섞지 않는다.'의 올바른 분리배출을 통한 자원순환을 외치고 다녔다. 그런 나를 아이들은 쓰레기 선생님 오셨다며, 손뼉을 쳐주곤 했다. 유치원 갈 때는 밝은 옷을 입고 일곱 살의 쓰레기 선생님이 되고, 경로당에 갈 때는 단정한 옷차림과 유머 있는 멘트를 준비하는 전문 자원순환 강사가 된다.

강사의 삶은 배우와 비슷하다. 어떤 상황을 주더라도 나를 내려놓고 대상자의 삶으로 들어가 그들의 눈높이에 맞춰 소통과 감동을 끌어내야 하는 직업이기 때문이다. 아이가 되었다가 어른이 되었다가 이렇게 다채로운 삶을 경험할 수 있고 다양한 사람을 만나면서 인생의 희로애락(喜怒哀樂)을 나눌 수 있는 강사라는 직업이 얼마나 매력적이고 대단한 것인지 새삼 느낀다.

강사는 끊임없이 공부해야 한다. 현장에 나가 강의하다 보면 스스로 부족함을 깨닫게 된다. 상황에 맞는 이야기보따리를 풀어낼 수 있도록 다양한 지식을 쌓기 위해 끊임없이 노력한다.

청소년 교육학을 공부하고 사춘기의 특징을 이해하니 수업 시간에 비협조적인 아이들의 반응과 말꼭지 속에서 감정을 읽어 내고 욕구를 찾아낼 수 있었다. 이런 시너지 효과는 폭력 예방 강사를 할 수 있는 디딤돌이 되어 주었다. 폭력 예방은 존중, 배려, 공감의 키워드를 갖고 이야기한다. 폭력이 일어나지 않게 서로 존중하고 배려하고 공감하고 실천하자고 입버릇처럼 이야기한다. 그런데 문득 '존중, 배려, 공감을 받지 못하고 자란 아이들이 그 느낌을 알 수 있을까?'라는 생각이 들었다. 그 원천은 가정에서부터 시작되어야 한다. 대학원에서 부모 교육, 가족 상담을 전공하게 된 계기도 부모들과 이런 메시지를 나누어 보고 싶어서였다. 작년 말 부모 교육 강사 자격증도 취득해 활동의 폭을 넓혀 가는 중이다. 어떠한 방법으로 든 내가 가진 역량이 선한 영향력으로 전달될 기회가 많아졌으면 좋겠다. 이 또한 강사라는 직업을 갖고 있기 때문에 기대해 볼 수 있다.

인생의 전환점을 돌아오면서 강사라는 직업을 갖게 되었다. 이기적으로 나의 인생을 살아 보겠다고 도전했지만 가끔은 지치고 힘들 때도 있다. 노력하는 것에 비해 소득이 적어 고민한 적도 있다. 참여한 사업이 끝나면 원치 않는 실직자가 되기도 한다. 이런 보따리 장사가 싫다고 다른 길을 선택한 강사들도 많다. 안정적이고 고정된 수입을 갖기 위해 다른 직장을 찾아본 적도 있다. 하지만 다시 이 자리에 되돌아와 있는 것을 보면 강사라는 직업은 나에게 천직이 아닐까 하는 생각이 든다. 요즘 새로운 강의 분야에 도전하면서 많은 시간을 투자해 노력해 나가고 있다. 피곤함에 찌들어 눈 밑 그늘이 판다처럼 내려와 있는 날도 많다. 일과 공부와 살림을 병행하기가 쉬운 일은 아니지만, 나는 이 많은 일들을 기꺼이 해내고 있다. 왜냐하면 강사라는 직업에 대한 희망적 기대감이 있기 때문이다. 그리고 더불어서 함께 걸어가는 동료들이 있기 때문이다. 그들 모두 각자의 자리에서 열정적인 삶을 살아 내고 있다.

고구마를 캐 본 적이 있다. 시들시들한 고구마 줄기를 잡아당겨 보면 그 밑에 알이 실한 고구마가 주렁주렁 달려 나오는 것을 경험해 본 적이 있다. 힘들 때마다 그런 상상을 해 본다. 지금 내가 하고 있는 노력이 당장 빛나지 않더라도 이것이 밑거름되어, 땅속에서 튼실한 고구마로 주렁주렁 영글어 가고 있을 거라고 말이다. 준비된 사람만이 기회를 잡을 수 있다. 포기만 하지 말자. 더디더라도 차근차근 기회를 만들어서 가면 된다. 시들지 않는 열정만 있다면 더 튼실한 고구마 줄기에 다양한 주제를 담아 끌어올릴 날이 반드시 올 것이다. 그렇게 해내다 보면 가치 있는 일에 도전할 기회가 찾아온다. 힘들 때 강사의 길을 포기했더라면, 〈국민강사교육협회〉라는 좋은 인연을 만나지도 못했을 것이다. 이런 인연의 연결고리가 돼서 공저라는 기회로 책을 써보기도 한다. 모든 일이 감사할 따름이다.

인생 이모작을 준비하거나, 전환점을 찾고 있는 사람이라면 강사의 길을 선택해 보라고 말하고 싶다.

각자 살아온 인생의 발자국이 다르다고, 다른 사람의 삶에 대해 함부로 평가할 자격은 누구에게도 없다. 저마다, 희로애락(喜怒哀樂)의 깊이는 다 다르기 때문이다. 타인의 인생 한 꼭지가 내 인생의 전환점이 될 수 있다. 혹은 내 인생의 한 꼭지가 누군가의 인생에 큰 울림을 줄 수도 있다. 이런 마음과 마음의 울림을 전할 수 있는 강사라는 직업은 정말 매력적이다.

요즘 시대의 변화에 따라 다양한 직업군이 형성되고 있다. 1인 기업의 대표적인 직업군으로 자신의 일상을 콘텐츠 삼아 소통하는 유튜브 크리에이터 직업군도 대세이다. 덧붙여 강사라는 직업 또한 전망이 좋은 직업이라 할 수 있다. 정년을 걱정하지 않아도 된다. 자신의 인생 경험을 발판 삼아 역량을 개발하고 시들지 않는 열정만 있다면 누구나 꿈꿔 볼 수 있다. '희망이란 본래 있다고도 할 수 없고, 없다고도 할 수 없다. 그것은 마치 땅 위의 길과 같은 것이다. 본래 땅 위에는 길이 없었다. 걸어가는 사람들이 많아지면 그게 곧 길이 되는 것이다.' 『고향』, 루쉰 (1921년 1월)

　인생 제2막, 제3막의 길 위에서 모두가 강사 시대의 주인공이 될 희망을 꿈꿔보길 바라본다. 희망이라는 길 위에 서서 새로운 인생의 꿈을 찾아가는 시발점이 되길 기대해 본다.

초심으로 돌아가기

정종관

21세기를 대표하는 키워드는 4차 산업시대, 즉 IT 융합시대라고 한다. 최근에 급부상한 대화형 인공지능 서비스인 Chat GPT가 지구촌을 뜨겁게 달구고 있다. 스마트폰이나 인터넷을 이용해서 언제, 어디서든지 제대로 된 질문을 입력하는 것만으로도 원하는 양질의 정보를 제공받을 수 있다. 중요하면서도 두려운 사실은 끊임없이 진화하고 있다는 점이다.

질문에 대해서 그냥 알아듣고 대답해 주는 일반적인 수준을 넘어서 전문적인 분야까지도 척척 답변해 주는 수준까지 도달했다. 최근에는 학습을 통해서 그림, 시, 소설, 수필 등 창작의 영역까지 침범하면서 그 활용성도 무궁무진하다. 강사들의 삶을 위협하고 있으며 강사의 세계를 대체할 수 있다는 불안감을 느끼지 않을 수 없다. 언젠가는 인간들의 상상을 넘어 현실이 될 수 있다는 가능성에 대해서 생각해 볼 필요가 있는 부분이다.

문제는 사고의 능력, 감성과 감정을 표현할 수 있는 능력, 즉 인간 중심의 인공지능이 될 수 있느냐에 대한 질문이다. 당시의 환경과 조건 등에 맞춰서 상대방의 애절한 감정선을 건드릴 수 있느냐에 대한 한계가 있다는 점이다. 기계는 할 수 없지만 사람은 할 수 있는 유일함을 개발해야 하는 이유이다.

명강사의 조건은 간단하다. 청중의 감정선에 울림을 줘서 감동을 선물하면 최고의 강의이고 최고의 명강사로서 자격을 갖췄다고 볼 수 있다. 내가 하고 싶은 이야기를 하는 것이 아닌 청중이 듣고 싶어 하는 이야기를 한다면 감동은 최고조에 이를 것이다. 여기에 더하여 청중이 듣고 싶어 하는 이야기를 강사가 경험했던 삶의 위기를 기회로 만들어 낸 사례를 스토리텔링으로 풀어낸다면 최고의 명강의가 될 수 있다.

스토리텔링(storytelling)이란 청중에게 알리고자 하는 바를 재미있고 생생한 사례를 이용하여 설득력 있게 전달하는 방법이다. 즉 전달하고자 하는 내용을 실제 사례를 통해서 쉽게 이해하게 하고 기억하게 함으로써 정서적 몰입과 공감을 이끌어 내며, 꿈과 희망을 심어주고 감동으로 영혼을 울린다면 최고의 명강의가 될 것이기 때문이다.

언젠가 '감사경영'에 대한 특강을 한 경험이 있다. 청중들은 이미 서로를 잘 아는 친분이 있는 관계이고 현재 강의 활동을 왕성하게 하고 있는 강사들이라는 점에서 심적으로 많은 부담을 가졌다. 강의 의뢰를 받고 콘텐츠를 준비하는 과정에서 강의 일정이 심리적으로 압박을 해오고 있지만 도무지 길이 보이지 않았다. '내가 경험했던 사실을 스토리텔링으로 엮어보자'는 생각에 도달하면서부터 강의안 작성이 일사천리로 진행되었다.

큰 제목, 소제목들을 정해놓고 그에 맞는 사례와 영상, 이미지, 사진, 명언들을 찾아서 퍼즐을 맞추듯이 강의안을 만들었다. 감사경영을 주제로 하는 강의이지만 인문학적인 접근이 필요했기 때문에 강의 콘텐츠에 적절한 명언이 필요했다. 명언은 그 자체만으로도 청중들에게 품격을 줄 수 있다. 이 부분을 경험적으로 알고 있었다.

강의를 풀어나가는데 시나리오는 필요하지 않았다. 왜냐하면 나의 삶을 통해서 경험했던 사실을 전달하기로 했으니 시나리오를 만들 필요성을 느끼지 못했다. 나만 알고 있는, 내가 경험했던 사실, 그리고 우리 가족의 삶의 생생한 내용을 스토리텔링으로 풀어내는데 설사 거짓말을 하더라도 누가 알겠는가? 그러나 강의에 있어서 진정성은 절대 빼놓을 수 없는 중요한 요소이다. 거짓말을 하면 청중이 바로 알아차릴 수 있다.

그럼에도 불구하고 몇 번의 연습이 필요했다. 요즘 따라 강의 의뢰가 많아서 시간을 내기가 어려웠지만 잠을 줄여가면서 연습을 했다. 파워포인트 장표의 순서도 바꿔보고, 용어 선택에도 신경을 곤두세워야 했다.

강의 녹화본을 보면서 스스로 피드백을 해보면 많은 도움이 된다고 했다. 잘하고 있는 점과 고쳐야 할 부분을 쉽게 찾아내서 바꿀 수 있다는 것이다. 줌 플랫폼을 이용해서 녹화 후 영상을 재생하면서 발음, 목소리,

목소리 크기, 표현 방법, 표정, 몸짓, 용어의 선택, 영상, 파워포인트 애니메이션 등 다양한 부분을 점검하고 또 점검했다. 왜 이렇게 단점들이 많이 보이는지, 고쳐야 할 부분들을 발견해서 연습을 통해서 하나씩 보완해 나갔다.

이 과정을 거치면서 강사로서 한 뼘 더 성장했다는 느낌이 들었다. 강사가 되기 위한, 아니 명강사가 되기 위한 필수 조건은 연습이 최고의 무기라는 사실을 새삼 깨닫게 된 계기가 되었다.

강의의 성공 여부를 결정하는 것은 강사 당사자가 아니다. 강사가 강의를 잘했다고 느끼는 부분보다, 최선을 다했다며 자기만족에 취해 있기보다는 청중이 얼마만큼 감동을 받았는지의 크기에 따라 결정된다. 그 감동으로 인해 삶의 변화를 일으키는 원동력으로 작용했는지는 더 중요하다. 강의 준비에 최선을 다했다는 것만으로 명강사가 될 수 있을까. 아니라고 생각한다. 오롯이 청중이 느끼고 판단해야 할 몫이기 때문이다.

'지금은 강사 시대'라는 말에 걸맞은 명강사가 되려면 기술(skill)과 지식(knowledge), 경험(knowhow)을 필요충분조건으로 갖춰야 한다. 그렇다고 강사가 다양한 부분에 대해서 다 알 수 있는 것도 아니고, 유구한 세월을 살아온 것만도 아니지 않는가. 이러한 부족함을 보충하고 보완해 줄 수 있는 최선의 방법은 독서이다.

독서를 하는 방법은 여러 가지가 있겠지만 경험한 바로는 혼자 하는 독서보다는 독서 모임을 통해서 하는 책 읽기를 권장하고 싶다. 한 가지 책을 공동으로 읽고 토론하는 방법도 있고, 각자 읽고 싶은 책을 읽고 감명 깊었거나 인상 깊었던 부분을 나눔 하는 방법도 괜찮은 방법이다. 독서를 통해서 강의에 활용해야겠다고 마음먹은 부분들은 파워포인트로 만들어서 저장해 두는 좋은 습관도 가지게 되었다.

강사를 시작하고부터 지인들로부터 명언이라든지 좋은 글들을 소셜네트워크서비스(SNS)를 통해서 많이 받아 본다. 이 내용을 내 삶에 비추어 스토리텔링으로 엮어서 파워포인트로 만들어 저장해 두었다가 필요한 강의에 활용하고 있다.

미국의 제40대 대통령 로널드 레이건(Ronald Wilson Reagan)은 '위대한 리더는 훌륭한 일을 하는 사람이 아니고 훌륭한 일을 하게 만드는 사람이다.'라는 명언을 남겼다. 이 말을 강사에게 적용해 본다면 이렇게 바꿀 수 있을 것 같다. '위대한 강사는 멋진 강의를 하는 사람이 아니고 마음의 변화를 이끌어 내는 사람이다.' 청중들을 매료시키기 위해서는 열정적인 강사가 되어야 한다. 청중으로 하여금 긍정적인 공감대를 형성하게 하고 전달받은 메시지로 감동을 받을 수 있게 해야 한다. 감동을 에너지 삼아 마음의 변화를 충동하게 만들어야 한다. 중요한 사실은 한두 번 명강의를 했다고 해서 명강사라고 할 수 없다. 스스로 명강사의 대열에 올랐다고 생각하고 자만하는 순간 언제든지 추락할 수 있기 때문이다.

현대의 사회 구성원들은 다양한 수단을 통해서 지식과 지혜를 얻고 소통하고 싶어 한다. 치열한 생존경쟁에서 살아남아야 하는 절박한 환경에서 살아가고 있다. 정서적으로 위로받고 감동받고 싶어 하는 이유이다. 기계는 할 수 없고 사람만 가능한 일이며 명강사가 많이 필요한 이유이다. 명강사는 하루아침에 만들어지는 것이 아니다.

오늘은 초심으로 돌아가서 강의를 새롭게 시작하는 첫날이 되기를 기대해 본다.

강사, 1인 기업의 꽃

정창교

경제불황기에 접어들면서 프리랜서가 전체 일자리의 절반 이상을 차지하는 시대가 오고 있다. 지난해 시니어 기자교육을 진행한 수원의 한 복지관에서 올해도 시니어 기자교육을 요청해왔다. 전직 교장을 포함 시니어 기자로 활동하는 사람들의 면면을 보면 시민기자의 풍모가 느껴진다. 기사 작성은 물론 동영상까지 완벽하게 콘텐츠로 생산해내는 시니어 기자들도 고민이 많다. 이번에는 아예 강의안을 가져오지 말고 자신들이 쓴 기사를 대상으로 어떻게 고쳐야 하는지를 가르쳐달라고 요구하는 상황을 파악하게 되었다. 취재 과정이나 편집과정에서 풀기 어려운 문제들을 해결해달라는 것이다. 자신들이 공들여 작성한 기사를 인터넷에서 삭제한 편집 담당에게 화가 나 있다는 전언이다. 무엇을 원칙으로 삼아야 하는지 실전 경험을 전수해달라는 요구다. 문제 해결형 강의를 요구하는 흐름이 계속될 것이다.

문제 해결형 강의가 필요하다. 법정 의무교육보다 강사비가 비싼 것이 장점이다. 자신의 경험을 다른 사람들에게 설명할 수 있는 단계가 되면 수익화가 실현된다. 전자책을 통해 실용서를 쓰는 강사들이 적지 않다.

미 예일대 감성 지능 센터장 마크 브래킷 교수는 자신의 저서『감정의 발견』에서 "누군가 중학생 시절의 나를 봤다면 뭔가 심각하게 잘못됐다는 것을 한눈에 알아차렸을 것이다. 나는 성적표가 C와 D로 도배된 학습 부진아였고 식이 장애로 체중 미달과 비만을 오갔다. 친구도 아예 없었다."라고 뻔뻔스럽게 이야기한다.

그리고 그는 같은 책에서 "어느 날 나는 부모님에게 끔찍한 비밀을 털어놓았다. 우리 가족의 친구였던 이웃이 나를 성적으로 학대했다는 사실을 알게 된 아버지는 지하실에 있던 야구 배트로 그 남자를 때려죽이려 했고 어머니는 신경 쇠약으로 쓰러질 지경이 되었다."라고 회고하였다.

과묵한 어린 시절을 보낸 사람들은 누군가의 앞에서 발표할 기회를 뒤로 미루곤 한다. Chat GPT 온라인 모임에서 이 책을 소개한 전문가는 "자신의 아이들에게 학원을 한 번도 보낸 적이 없다."라면서 "학교는 친구들을 사귀러 가는 곳"이라고 설명하였다. 자신이 좋아하는 책을 읽도록 했더니 현재 독일에서 박사학위를 공부하는 청년이 되어 있다고 소개하였다.

이 책을 온라인 커뮤니티에 소개한 한 전문가는 "교회 학교 교사 역할을 하면서 한 번도 남 앞에서 발표한 적이 없는 청소년들을 앞으로 불러내 발표할 기회를 주는 것을 자신이 할 수 있는 가장 중요한 역할이라고 생각한다."라고 말했다. 필자도 대학 생활을 할 때까지 다른 사람 앞에서 말할 기회가 거의 없었다. 강사 활동은 경인여대 학보사 기자교육을 8년 동안 담당하면서부터였다. 발달장애 아들을 키우면서 학교 현장에 부모 대신 유급 인력을 배치해야 한다는 요구가 담긴 6만 5000명 규모의 국회 청원을 진행한 적이 있다. 교육부의 3차 특수교육발전 5개년계획에 특수교육실무원 제도를 도입하기로 결정하는 과정에서 직접적인 역할을 하면서 전국의 복지관과 교육청 등을 방문해 강연을 한 것이 강사로 성장하는 데 중요한 디딤돌이 되었다. 삼성언론재단, 방일영문화재단, 한국언론진흥재단 신영연구기금 등의 지원을 받아 『차별 없는 세상』 등 저서 4권을 발간하고, KBS 3라디오 함께하는 세상 만들기 정창교 기자의 차별 없는 세상 코너에 350회가량 고정 출연하면서 말 잘하는 사람으로 거듭난 것도 중요한 경험이었다. 장애인복지 분야 기사를 가장 많은 기사를 쓰는 기자로 알려지면서 한국장애인단체총연맹, 한국사회복지협의회, 한국장애인개발원 등에서도 실무자들을 대상으로 한 보도자료 작성법 등에 대한 강의가 쇄도하였다.

지난 1월 정년 퇴임 이후에는 온라인에서 강사를 가르치는 강사 역할도 하고 있다. 전자책을 쓰고 싶은 강사를 여의도 국회의사당역 인근 찻집에서 만나 3시간 동안 일대일 코칭을 하면서 크몽 기업전문가로 등록시켰다. 6월 19일 국민일보 퇴임 이후 처음으로 국민일보 빌딩 1층 카페에서 50대 여성 의사와 만나 자신의 감정을 알아채고 정확한 감정 어휘를 사용해 문제를 해결한 사례를 전자책으로 내는 일을 구체적으로 써보기로 하였다. 31년 2개월 동안 평생직장으로 일해온 회사 1층에서 만감이 교차하는 표정으로 그녀가 우는 모습을 세 차례 관찰하였다.

필자 역시 강사를 가르치는 강사에게 비용을 지불하고 강의를 듣는 사람을 변화시키는 일에 시간을 할애하고 있다. 강사는 강연가로 나설 수 있다. VOD를 찍어 수입을 올릴 수도 있다. 코칭은 수익화가 가능한 확실한 모델이다. 전자책 2기가 끝나면 7월부터 3기로 활동하고 싶다는 의견을 전해온 사람도 있다. 동화책을 잘 쓰는 실용서를 집필하고 싶다는 온라인건물주 오픈방 상현달 대표 김상현 씨가 그다. 덕분에 나도 동화책을 쓰고 있다. 〈세바시〉 강연을 하는 것을 목표로 세운 사람도 있다.

변화는 기분 좋은 감정을 갖게 한다. 과묵한 어린 시절을 보낸 사람이 성인기에는 외향적인 성격으로 바뀌는 사례가 적지 않다는 점은 주목할 만하다. 강의 현장에서 강사의 한마디가 변곡점이 되어 문제가 해결되는 사례를 집대성해 프리랜서 전성시대 강사의 역할을 새롭게 정의하는 단

행본을 내고 싶다. 평생직장에서 급여 생활을 하면서 번 수입보다 더 많이 벌 수 있는 1인 기업가의 시대가 코앞에 다가왔다. 노년기에도 경제적으로 독립하기 위해 강사의 정체성에 변화를 일으켜 완전한 자유에 도달하는 것이 목표다. 실행이 답이다.

지금처럼 가슴 설레며 꿈을 꾼다

조은연

강사의 세계가 있는 줄도 모르고 살았던 때가 있었다. 이런 세상도 있음을 느끼며 가슴 설레며 뛰어들었다. 새로운 시작은 늘 가슴을 두근거리게 하고 기대에 차게 만든다. 처음에는 배움이 좋았고 새로운 것에 대한 도전이 좋았다. 끊임없이 도전해야 하는 게 강사 세계인 것이다.

17년 동안 우물 안 개구리처럼 살았던 때에는 다람쥐 쳇바퀴 돌 듯이 하루하루 닥치는 대로 최선을 다해 살았었다. 하지만 강사로서 생활을 하고 있는 지금은 끊임없는 자기 계발을 하고 있다.

6차 혁명 시대가 다가오고 있다. AI가 우리의 생활 깊숙이 자리 잡고 있다. 어울려 그 속에서 살아가려고 하면 어찌해야 하는가 한 번쯤은 생각해 볼 문제인 것이다. 선한 영향력을 끼치는 강사가 되어 보고자 뛰어들었다. 첫 자격증을 취득했을 때의 그 기분은 뭐라 말할 수 없는 설렘이었다. 비로소 나도 강사로서의 자격을 갖추었구나 하는 생각을 하니 가슴이 벅차올랐다.

강사로서 첫 수업 때 선생님 오셨다며 자리에 앉는 학생들을 보면서

'드디어 나도 강사가(선생님)이 되었구나.'를 실감했다. 항상 그때의 그 기분 그 마음가짐 잊지 않으려고 하고 있다. 명강사가 되려고도 노력을 한다. 그전에 지식 전달보다는 경험과 지혜를 나눌 것이다. 강의장 분위기를 파악해 그 눈높이에 맞는 소통과 공감이 가능하도록 할 것이다. 진심과 정성을 다해 철저한 강의 준비에 최선을 다할 것이다. 강의시간을 다 채우는 강사는 명강사가 아니다. 교육을 빨리 끝내주는 강사가 명강사이다. 즉 색다른 감동을 선사할 것이다.

명강사가 되기 위해서 다양한 독서를 시작하였다. 한 권 한 권 독서 다이어리를 채워 나갈 것이다.

조동화 시인의「나 하나 꽃 피어」라는 시가 있다.

"나 하나 꽃피어 풀밭이 달라지겠냐고 말하지 말아라. 네가 꽃 피고 나도 꽃 피면 결국 풀밭이 온통 꽃밭이 되는 것 아니겠느냐. 나 하나 물들어 산이 달라지겠냐고도 말하지 말아라. 내가 물들고 너도 물들면 결국 온산이 활활 타오르는 게 아니겠느냐."

새로운 교육생을 만난다는 일은 강사로서는 가장 설레는 일이다.

윌리엄 버틀러 예이츠는 "교육은 양동이에 물을 채우는 것이 아니라 가슴에 불을 지피는 것이다."라고 말했다.

그만큼 동기부여가 중요하다. 은연중에 만났더라도 교육생들에게 좋은 기억을 간직하고 돌아갈 수 있도록 해주고 싶다. 늘 공부하고 찾아보고 이 많은 강사 세계에서 살아남으려고 매일매일 이 전투같이 자기 계발에 힘을 쏟는다. 강사 세계의 가능성은 무궁무진하다 내가 무엇을 배우고 실행해 나가느냐에 따라 월 오십 강사, 월 백 강사, 월 천 강사로 분류되어 살아가게 된다. 과연 나는 어디에 서 있는가?

수십 년을 강사 생활을 해와도 무명 강사가 99%이다. 모두가 이름만 들어도 알 수 있는 강사는 강사 세계에서 몇 명이나 될까. 김미경 강사님, 김창옥 강사님 등 얼마나 많은 노력을 하고 새로운 도전을 하였을까. 식당을 할 때 매출이 떨어지면 큰일 나니까 메뉴를 늘리고 시간을 늘리고 쉬는 날 없이 계속 끊임없이 노력을 하였다. 강사도 마찬가지이다. 계속 내 것으로 만들기 위해서 끊임없는 노력과 새로운 분야에 대한 공부와 도전을 두려워해선 안 된다. 예상도 못 한 일이 언제 어떻게 일어날지 아무도 모른다. 기회가 올지 실패가 올지도. 항상 준비가 되어 있어야 오는 기회는 잡고 오는 실패는 대처를 해나갈 능력을 키울 수가 있는 것이다. 강사 세계에 발을 디디면서 스스로 잘하고 있다고 나에게 격려와 칭찬을 해주고 있다. 끊임없는 노력과 도전으로 강사 자격을 취득한지 얼마 되지 않았지만 현장에서의 활발한 활동을 하고 있다. 제대로 된 강사훈련. 즉 말하는 속도, 억양, 목소리 톤, 몸짓 하나하나 체크를 하고 스스로를 점검을 해야 한다. 강사 양성과정에 참여해서 강의를 하다 보면 교육생들이 질문을 한다. 강의는 재미있나요? 나도 할 수 있을까요? 나는 이렇게 답을 하곤 한다. 준비되고 자신감을 가지고 도전을 해본다면 충분히 매력있는 직업이라고 말이다. 강사는 충분히 매력 있다. 강의가 끝난 후 교육생들의 변화된 모습을 보면 그로 인한 만족감, 성취감을 그 무엇으로도 표현을 할 수가 없기 때문이다. 하지만 책임도 많이 따른다. 강의 시간에 하는 정보들은 교육생들은 신뢰를 하기 때문에 잘못된 정보를 전해 줘서는 안 된다. 항상 최신 정보를 정확한 정보를 전해줘야 한다.

강사라는 직업은 충분히 매력적이다. 강사는 자신의 전문 분야에서 지식과 경험을 공유하고, 사람들의 역량을 향상시키는데 기여할 수 있다. 또한 끊임없이 발전하고 변화하는 환경에서 일하기 때문에 항상 새로운 도전과 성장의 기회를 가질 수 있다. 따라서 강사는 자신이 가진 전문 지식을 끊임없이 발전시키고 다양한 분야에서 활동할 수 있는 가능성을 가지고 있다.

오늘의 하루가 모여 1일이 되고 그 1일이 30일 모여 한 달이 되고 이렇게 수많은 하루가 모여 10년, 20년, 30년이 된다. 오늘의 참으로 참되게 살아야 한다. 강사가 되기 위해 노력해서 첫 자격증을 받던 날의 감흥, 첫 수업을 나가면서 떨리던 그 마음, 다짐했던 각오 잊지 않을 것이다. 초심을 잊지 말아야 한다.

그러기 위해서는 나만의 루틴을 만들어 갈 것이다.
1. 책을 읽자. 하루에 10분이라도 그 시간도 내지 못한다면 이동 중에 오디오북을 듣자. 독서 달력을 만든다.
2. 나의 마음 챙김을 하자. 스스로의 마음을 잘 챙겨 건강한 마음을 가

질 것이다.

3. 건강을 돌보자. 나만의 건강 루틴 스트레칭이라도 매일 할 것이다.

4. 자기 계발 공부를 하자. 새로운 분야에 도전을 꺼리지 않고 두려워
   하지 않는다.

5. 나의 취약점인 컴퓨터 공부를 꾸준히 한다. 새벽에 일어나 강의에
   참여할 것이다. 녹화분이라도 꼭.

6. 감사일기를 쓰자. 하루를 마무리하며 감사일기를 쓸 것이다. 매 순
   간 감사의 축복이다.

7. 성공한 사람들을 '따 · 따 · 따'한다. 따라 하고 따라가면 따라잡는다.

8. 긍정적인 사람으로 살아갈 것이다. 불쑥불쑥 나오는 부정적인 감정
   을 자연스레 긍정적으로 바꾼다.

9. 다이어트를 할 것이다. 건강을 위해 나를 위해서 다이어트를 급하지
   않게 자연스럽게 할 것이다.

10. 하루 10분 멍 때리는 시간을 갖는다. 바쁜 시간 속에서 나만의 시간
    을 가질 것이다.

100세 시대가 아닌 그 이상의 시대에 살고 있다. 인간의 수명이 얼마일
까? 과학자들이 연구한 결과 현 시점에서 인간의 수명은 125세이라고 한
다. 그중에 최고 장수하신 분은 122세 7개월. 우리나라 나이로 123세를
사시다가 돌아가셨다. 앞으로는 수명이 어떻게 될지 모른다.

강사라는 직업은 나의 건강과 맘만 잘 챙기면 100세까지도 활동을 할수 있는 직업이다.

김형석 교수님을 보면 현재 104세이시다. 1920년 4월 23일생이시다. 아직 현역에서 활동을 하고 계신다. 행복이 머무르는 곳은 과거도 미래도 아니다. 바로 지금 현재인 것이다. 나의 미래의 모습은 지금처럼 사는 것이다. 강사로서 엄마로서 아내로서 지금 최선을 다하면서 행복하게 사는 모습을 미래에도 그리고 꿈꾸고 있다. 지금 공부하고 도전하고 최선을 다하면 미래의 오늘은 현재의 오늘보다 더 나은 오늘을 맞이할 수 있을 거라 믿는다.

나의 강사 시대를 어설프지만 쓸 수 있게 기회를 주신 〈국민강사교육협회〉 김규인 회장님께 감사의 말씀을 드린다. 또 할 수 있다는 용기를 준 정영혜 교수님, 어려우면 전화를 달라며 힘내라는 이야기를 해준 박은주 교수님 외에도 공저 2기를 같이 하는 우리 강사님들, 특히 글쓰기 초자인 나를 피드백해 주고 이끌어 준 송주하 작가님 감사드린다.

강사가 된 딸을 대견하게 바라보시는 친정어머니, 제2의 삶인 강사 생활을 무조건적으로 지지해 주는 우리 식구들 모두 모두 사랑합니다. 강사 세계로 이끌어 주신 이연주 선생님께도 무한한 감사를 드린다.

멋진 강사, 초심을 잃지 않는 강사, 선한 영향력을 펼치는 강사 조은연 강사 파이팅!!!

마치는 글

강진희

외로운 직업 강사!!!

오랜 시간 혼자 도전하고, 발전의 목마름에 발버둥 칠 때 〈국민강사교육협회〉를 만났습니다. 지금 인생의 가장 큰 시련이 왔습니다. 하지만 두렵지 않습니다. 용기와 격려를 아끼지 않는 가족 같은 강사님들이 많기 때문입니다. 건강한 모습으로 웃으면서 만날 날 기약하겠습니다. 김규인 회장님을 비롯한 모든 강사님 사랑합니다.

권미숙

인생은 10%는 우리에게 일어나는 일이고, 90%는 그에 대한 대응 방식이라고 합니다. 같은 상황도 어떻게 대응하여 해석하느냐에 따라 달라지는 것을 종종 경험합니다. 이 글을 통해 우리에게 이미 일어난 일들을 들여다보고 해석하는 대응 방식을 간접 경험하기를 바랍니다. 분명 사고의 유연성이 플러스될 것입니다. 공저에 참여함으로 스스로 정리해 보는 시간이었습니다. 또한, 강사의 역할과 사명감에 대해 생각해 보았습니다. 강의 현장을 통해 즐거움과 의미를 주는 강사로 성장하기를 소망합니다.

김경우

오지랖 넓은 사람으로 살아가는 여자. 무한긍정으로 현재를 즐기는 여자. 오늘도 행복 바이러스를 나눠주고자 열일하는 여자. 〈국민강사교육협회〉에서 다시 태어난 여자. 인사드립니다. 우연은 인연으로 인연은 필연으로 당신을 만나게 되어 참으로 행복합니다. 앞으로의 바람은 가려운 곳을 시원하게 긁어주는 '효자손'처럼 필요한 강사가 되겠습니다.

박심연

내가 강사가 되고자 했던 이유를 다시 회고해 봅니다. 강의와 상담을 통해 사람을 만나는 일은 짜릿한 흥분을 줍니다. 하지만 누군가의 인생에 개입하게 된다는 것은 조심스럽고 중요한 일입니다. 때로는 나의 한마디가 그들을 웃게도 하고 감정의 파동을 일으키기도 합니다. 강사는 그들 안에 잠재된 잠재력을 끌어내 주는 역할을 해야만 합니다. 이것이 '진정한 강사'의 역할임을 되새깁니다.

유미인

인생은 좋든 나쁘든 경험의 재산입니다. 때론 행복하고 불행한 것이 인생이 아닐까요? 경험은 추억거리가 있고, 한걸음 성장시키는 재료가 됩니다. 추억이라는 재료는 활용되어야만 가치가 있고 성공의 씨앗이 됩니다. 우리는 매일 각자의 고민에 대한 정답을 찾기 위해 헤매고 다닙니다. 〈국민강사교육협회〉를 만나 궁금증을 해소하고, 꾸준히 공부하고, 공저를 통해 서로 동기부여가 되고 소통하며 조금씩 성장합니다. 우리의 삶을 좀 더 창조적인 풍요로 이끌어주는 원동력이 될 것입니다. 또한 함께한 이글들을 통해 당신을 따스하게 안아줄 것입니다. 감사합니다.

이서윤

오래전, 제 적성을 알아차리고 교육 씨앗을 심어준 사람들이 있었습니다. 그 씨앗이 꽃을 피워 강사가 되었습니다. 신뢰를 전달하며 청중과 세상의 빛을 나누기 위해 공부하고 조금씩 성장 중입니다. 말 한마디가 저를 강사로 만든 것처럼 말이나 글에는 에너지가 강합니다. 늦은 나이에 강사가 된 제 이야기가 강사를 꿈꾸는 모든 분에게 용기가 되길 바랍니다. 빛이 화사하게 꽃을 피우도록 예비 강사에게 동기부여가 되면 좋겠습니다. 괴테의 말처럼 덧문을 열면 빛이 찬란히 들어옵니다. 문을 열어보십시오. 지금!

정순옥

유명한 스타 강사가 되면 대중 앞에서 인생 역전 스토리를 풀어내리라 상상해 본 적이 있습니다. 인생 한 꼭지에서 공저를 통해 꿈을 이룰 기회를 마련해 준 모든 분께 감사한 마음을 전합니다. 강사라는 길 위에서 흔들리던 날도 많았지만, 지금 당당하게 이 자리에 서 있습니다. 아직 갈 길은 멀지만 쉼 없이 걸어가겠노라, 다짐해 봅니다. 서툰 표현으로 써 내려간 글이지만 누군가에게 묻어 두었던 꿈을 찾는 희망의 메시지로 전달되길 바라봅니다.

정종관

'내가 결심한 모든 시기는 늦지 않았다.'라는 말이 있습니다. 억지로 시작했던 책 쓰기가 어느 순간 진심이 되었습니다. 35년여의 군 생활을 되돌아보는 시간이 되었고 앞으로의 비전을 설계해 볼 수 있는 동기부여가 되었습니다. 누군가가 진심을 담아 써 내려온 글이 내게 선한 영향력으로 다가왔듯이 내가 솔직하게 쓴 글이 누군가를 성장시키는 자양분으로 쓰임 받기를 기대해 봅니다. 강사로서 누군가의 삶에 감사와 행복을 선물로 드리기 위해 책임감 있고 겸손한 마음으로 살아가겠습니다.

정창교

어린 시절의 상처가 어른이 되어서도 해결되지 않은 사람들은 남 앞에서 서 보는 경험을 하는 것이 좋다는 것을 말하고 싶습니다. 강사는 강의를 듣는 사람들의 태도와 행동을 바꾸는 데 집중해야 합니다. 또 교육 커리큘럼을 사전에 구성해 본론에서 무엇을 말할 것인지를 정하고 서론에서 다뤄야 할 내용을 설계해야 합니다. 동작 하나 말 한마디도 사전에 계산된 것이어야 한다는 말입니다. 나를 브랜딩하고, 나를 알리는 일이 소중한 시대에 공저 글쓰기를 통해 공감대를 확산할 수 있게 되어 기쁩니다.

조은연

지금 주어진 삶에 최선을 다하고 실천하고 행복을 만끽하면서 살고 있습니다. 다른 사람들이 바라보고 판단하는 조은연이 아닌 나의 삶을 책임지고 사는 조은연. 책을 읽고 감사의 마음을 잊지 않으며 자기 계발에 게으름을 피우지 않는 삶을 살아가리라 다짐합니다. 급하게 욕심내지 않고 나의 속도에 맞춰서 '쉼'도 즐길 줄 아는 인생이 될 것입니다.